7月	●保育のポイント ……… 58	●月案 ……… 60
8月	●保育のポイント ……… 62	●月案 ……… 64
9月	●保育のポイント ……… 66	●月案 ……… 68

7・8・9月 保育の展開
- ●週案・日誌（低月齢児／高月齢児）………………………… 70
- ●【環境設定】快適な室温で心地よく過ごし、
  水や泥などの素材を十分に提供する ………… 72
- ●【健康】夏に多い感染症 ……………………………… 74
- ●【家庭との連携】お便りを活用して
  肌トラブルへのケアを伝えよう ………… 75

10月	●保育のポイント ……… 76	●月案 ……… 78
11月	●保育のポイント ……… 80	●月案 ……… 82
12月	●保育のポイント ……… 84	●月案 ……… 86

10・11・12月 保育の展開
- ●週案・日誌（低月齢児／高月齢児）………………………… 88
- ●【環境設定】園外の自然や環境に親しみながら、
  発達に沿った遊びを用意する ………………… 90
- ●【健康】衣服を調整し、体の抵抗力を高める ……………… 92

1月	●保育のポイント ……… 94	●月案 ……… 96
2月	●保育のポイント ……… 98	●月案 ……… 100
3月	●保育のポイント ……… 102	●月案 ……… 104

1・2・3月 保育の展開
- ●週案・日誌（低月齢児／高月齢児）………………………… 106
- ●【環境設定】室内で快適に過ごし、
  感覚を育てる遊びを取り入れる ……………… 108
- ●【健康】冬の感染症の予防 ………………………………… 110
- ●【子育て支援】親子で集える機会を提供し、
  地域の子育ての拠点に …………………… 111

要領・指針の改訂（定）と指導計画

ここは押さえよう！改訂(定)のキーポイント

東京成徳短期大学 幼児教育科 教授　寺田清美
（厚生労働省社会保障審議会保育専門委員会委員）

　平成29年3月31日に「保育所保育指針」（以下、保育指針）、「幼稚園教育要領」（以下、教育要領）、「幼保連携型認定こども園教育・保育要領」（以下、教育・保育要領）が改訂（定）・告示されました。平成30年4月から新しい保育指針等に基づいて保育をするとともに、保育課程等の見直しが求められます。

　今回の改訂（定）で、3歳児以降では5領域のねらいや内容について大きな変更はありませんが、0・1・2歳児保育の視点から考えると、3歳未満児の保育の重要性が強調された改訂（定）だと言えます。

　また、保育の営み全体から考えると、保育所も「幼児教育を行う施設」であると明記され、教育要領や教育・保育要領と同じ「幼児期の終わりまでに育ってほしい姿」、幼児教育で「育みたい資質・能力」が示されました。保育所においては、「養護と教育を一体的に行う保育」とはどういうことかを、再度各園で捉えなおしていく必要があります。

　まず、教育要領改訂のポイントから見ていきましょう。

幼稚園教育要領の改訂ポイント

　教育要領改訂のキーワードは、幼児教育で「育みたい資質・能力」、「幼児期の終わりまでに育ってほしい姿」（10項目）、「カリキュラム・マネジメント」の3つです。このうち「資質・能力」と「10項目」は、言葉としては目新しいので何か緊張感を覚えますが、基本的に従来の5領域の「ねらい」「内容」を整理したものです。

point 1　幼児教育で「育みたい資質・能力」の3つの柱

幼児教育で「育みたい資質・能力」は、
　（1）知識及び技能の基礎
　（2）思考力、判断力、表現力等の基礎
　（3）学びに向かう力、人間性等

の3つの柱から示されています。

　例えば、数名の子どもたちが積み木を高く積んでいくことに挑戦しているなかで、子どもたちは「自分たちの背の高さを超えよう」と、交代したりしながら、慎重に積んでいったりします。その土台には「どんどん高くな

〈幼児教育で「育みたい資質・能力」の3つの柱〉

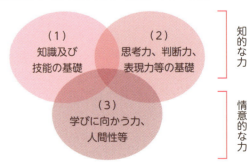

っていくことが嬉しかったり、楽しかったりして、意欲的に取り組んでいる」という心情や意欲（＝学びに向かう力）があるわけですが、少し深く見ると、その遊びのなかで「少しずれるとうまくいかない」という気づき（＝知識）が生まれ、「安定して積むためにはこうしたらいいのではないか」「レンガを積むように互い違いにしたほうがいいのではないか」という思考や判断が生まれています。そう考えると、幼児期の遊びのなかには自ずと幼児教育で「育みたい資質・能力」の３つの柱の内容が含まれているといえます。

point 2　幼児期の終わりまでに育ってほしい姿（10項目）とは

年長児後半に、遊びのなかで特に顕著に見られるようになる姿を10個の視点からまとめたものが、「幼児期の終わりまでに育ってほしい姿」です。これらは、５領域の「ねらい」「内容」を意識した保育実践を通してさまざまな経験・育ちが積み重ねられるなかで、年長児の後半から終わりに特に育ちが著しい子どもの姿を整理したものです。そのため、これまでの保育ががらりと変わるというよりも、子どもの姿を捉える視点がこれまで以上に整理されたものであると捉えるとよいでしょう。

point 3　カリキュラム・マネジメントの確立

これまで各園の保育理念や保育目標などを踏まえるとともに、５領域の「ねらい」「内容」と「子どもの発達」を踏まえて、教育課程（保育課程）が策定されていたわけですが、今回の改訂では、さらに幼児教育で「育みたい資質・能力」「幼児期の終わりまでに育ってほしい姿」をそこに取り入れて、指導計画関係の見直しをする必要があります。

発達を踏まえた「全体的な計画」から「年間指導計画」へ、さらには「月案・週案」へと「資質・能力の３つの柱の育ち」を意識しながらつながりをもたせていくとともに、目の前の子どもの姿からそれらの計画を見直して改善を図っていく営みが、「カリキュラム・マネジメント」です。そのため、これまで以上に、指導計画・保育実践・振り返り（評価）・改善のサイクルを意識することを通して、保育実践の質を向上させていくことが求められます。

〈幼児期の終わりまでに育ってほしい姿〉

保育所保育指針の改定ポイント

point 1 3歳以上児の教育の共通化

保育指針の改定ポイントは大きく分けて5つあります。
1つ目は「3歳以上児の5領域のねらい・内容」や「幼児期の終わりまでに育ってほしい姿」、幼児教育で「育みたい資質・能力」について、教育要領及び教育・保育要領との共通化が図られたことです。これは、教育要領改訂のポイントに書いた部分（4ページ）と同様ですので、そちらを見てください。

point 2 0・1・2歳児保育の記載の充実

これは、具体的には「ねらい」と「内容」が「乳児（0歳）」、「1歳以上3歳未満児」、「3歳以上児」に分けて示されたことです。
また、乳児の保育のあり方を5領域で示すのではなく、
・身体的発達に関する視点
　　　　「健やかに伸び伸びと育つ」
・社会的発達に関する視点
　　　　「身近な人と気持ちが通じ合う」
・精神的発達に関する視点
　　　　「身近なものと関わり感性が育つ」
という3つの視点で示していることが目新しいところです。
1歳以上3歳未満児は5領域（健康・人間関係・環境・言葉・表現）で示されていますが、3歳以上児と同じ「ねらい」と「内容」というわけではなく、発達の特性を踏まえた「ねらい」と「内容」として示されています。さらに、「内容の取扱い」の項目が入り、配慮すべき点が示されましたので、カリキュラム作成や評価・省察のおりに、参考にしやすくなるかと思います。

point 3 「健康及び安全」に関する内容の充実

近年の子どもを巡る社会環境の変化を見据え、「食育の推進」や「事故防止及び安全対策」「災害への備え」について、改善と充実を図っています。

point 4 「子育て支援」のさらなる充実を明示

子どもの育ちを家庭と連携して支援していくという視点を明らかにし、保護者が子育ての喜びを感じられるように努めることが示されました。また、地域に対する子育て支援が重視されることに対応して、章の名称を「保護者に対する支援」から「子育て支援」へ改め、充実を図っています。

point 5 職員の資質向上

「職員の資質向上」は、これまでの同じ名称の章をより充実させたものとなっています。「研修の実施体制等」という項目が新たに加わり、研修計画の作成や研修成果の活用について示されました。

　保育所ではなかなか研修時間を確保することが難しいのですが、保育の質を向上させていくためには、各園でキャリアパスを見据えた研修計画を立てることと、そのための「学び合う文化」の構築が必要です。このことについて保育指針では「保育所全体としての保育の質の向上を図っていくためには、日常的に職員同士が主体的に学び合う姿勢と環境が重要であり、職場内での研修の充実が図られなければならない」とされています。

幼保連携型認定こども園教育・保育要領の改訂ポイント

　教育・保育要領の改訂は、基本的に教育要領および保育指針の改訂（定）を踏まえて行われているので、教育・保育内容等についての改訂（定）内容は、前述の通りです。しかしながら、運営面については、認定こども園ならではの配慮すべき事項が示されています。

point 1　特に配慮すべき事項の充実

　その1つは、「満3歳未満の園児の保育」と「満3歳以上の園児の教育及び保育」の連続性といった「発達や学びの連続性」の視点です。特に、2歳児クラスから3歳児クラスへの移行が課題になります。認定こども園の3歳児クラスには、それまでその園で過ごしてきた子どももいる一方で、3歳児で入園して初めての集団生活が始まる園児もいます。そのため、遊びや集団の経験に差がある子どもたちが1つのクラスにいることになりますので、そのことに対する配慮が必要です。

　もう1つが、一日の流れに対する配慮です。3歳以上児は、保育の必要度の違いによる「1号認定」「2号認定」の子どもの両方が在籍します。そのために生じる、一日の保育時間の差異（教育課程に係る教育時間とそうでない時間との差異）に対する留意事項などが明記されました。

〈多様な育ちのある3歳児クラスには十分な配慮が必要〉

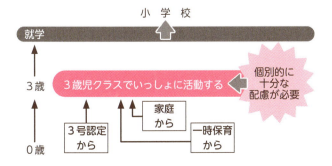

point 2　「健康及び安全」と「子育ての支援」の充実

　「健康及び安全」と「子育ての支援」については、新たに章立てをして、内容の改善と充実を図っています。

　特に「子育ての支援」では、保育者の専門性を生かした地域の子育ての支援が求められています。

「指導計画」とは何か

単なる事前計画ではなく、評価にも必要

東京成徳短期大学 幼児教育科 教授　寺田清美
（厚生労働省社会保障審議会保育専門委員会委員）

🍀 「指導計画」の種類

●全体的な計画

　各保育所・認定こども園においては、どのように子どもを育てたいかがわかるように、その園における基本となる計画が策定されています。これを「全体的な計画」といいます。

　保育指針でみると、「全体的な計画」は、「子どもや家庭の状況、地域の実態、保育時間などを考慮」することや、「保育所保育の全体像を包括的に示すものとし、これに基づく指導計画、保健計画、食育計画等を通じて、各保育所が創意工夫して保育できるよう、作成されなければならない」と記述されています。

　この「全体的な計画」に基づいて、各年齢・クラスの指導計画を作成していく必要があります。

　また、特に3歳未満児については、「一人一人の子どもの生育歴、心身の発達、活動の実態等に即して、個別的な計画を作成すること」と保育指針に示されており、通常の月案や週案、日案などを作成する際に、一人ひとりの子どもに応じた「個別計画」をいっしょに立てる必要があります。

●長期的な計画

　長期的な指導計画は、「具体的な保育が適切に展開されるよう、子どもの生活や発達を見通し」て立てる必要があります。例えば、1年間の保育の見通しを立てた「年間指導計画」、1か月間の保育の見通しを立てた「月間指導計画」（月案）などがあります。

●短期的な計画

　日案、週案などの短期的な指導計画は、長期的な指導計画に比べて、「より具体的な子どもの日々の生活に即した」計画となる必要があります。

🍀 「指導計画」の構成要素

●年間指導計画では

　「年間指導計画」の構成要素としてよく見られるものは、「保育目標（年間目標）」「（予想される）子どもの姿」「ねらい」「内容（経験する内容）」「保育者の援助・配慮」「環境構成」「家庭との連携」といった項目です。

　「保育目標（年間目標）」は、1年間でその年齢・クラスで育てたいことが示されますが、その他の項目は、数か月単位の「期」に分けて示されていることが多くあります。

●月間指導計画では

　「月間指導計画」（月案）の構成要素としてよく見られるものは、大きく分けて「クラス全体の計画」と「個別計画」です。

　「クラス全体の計画」には、「子どもの姿」「ねらい」「保育の内容（経験する内容）」「保育者の援助・配慮」「環境構成」「家庭との連携」などが、年間指導計画よりも具体的に、その月に対応した内容で記述されます。

　「個別計画」は、そのうち「子どもの姿」「保育の内容」

「保育者の援助・配慮」「家庭との連携」といったことが、個々の子どもに応じて書かれます。

 ## 保育実践における「指導計画」の位置づけ

保育の営みには、「指導計画（Plan）→ 保育実践（Do）→ 振り返り・評価（Check）→ 次に向けての改善（Action）」といった流れがあります。そのため、指導計画は日々（あるいはその月）の保育実践を行うために事前に立てておく計画であり、保育実践後には、振り返って次への改善点を見出していくために必要なものなのです。

特に、保育は「ねらい」（保育者の意図・思い・願い）に基づいて行うものです。月案や週案などでは、その「ねらい」を立てるにあたり、年間指導計画などの長期のねらいから考える側面もありますが、目の前の子どもの興味や関心に基づいて考えていく必要があります。

そのため、保育指針では「保育内容等の評価」として次のことが示されています。

（ア）保育士等は、保育の計画や保育の記録を通して、自らの保育実践を振り返り、自己評価することを通して、その専門性の向上や保育実践の改善に努めなければならない。

（イ）保育士等による自己評価に当たっては、子どもの活動内容やその結果だけでなく、子どもの心の育ちや意欲、取り組む過程などにも十分配慮するよう留意すること。（以下略）

このように、「指導計画」とは、保育を行う前に立てる単なる計画ではなく、保育実践を通して子どもたちの育ちや、自らの保育内容などを振り返っていくためにも、欠くことのできないものといえます。

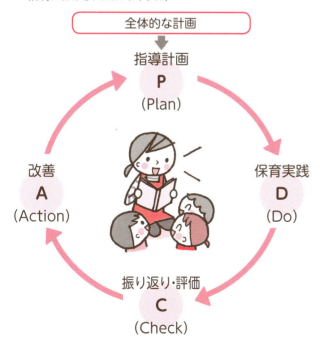

〈保育におけるPDCAサイクル〉

「指導計画」立案の手順と留意点

愛情豊かで応答性のある「指導計画」を

東京成徳短期大学 幼児教育科 教授　寺田清美
（厚生労働省社会保障審議会保育専門委員会委員）

立案の基本的な手順

　園の「全体的な計画」を踏まえて、年間指導計画、月間指導計画（月案）、週案、日案などを立案していくわけですが、それらに示されている「ねらい」や「子どもの姿」などは、それぞれが関連し合っていることが必要です。日々の保育の営みを支える日案は週案と関連し合い、週案は月案、月案は年間指導計画、年間指導計画は「全体的な計画」とそれぞれ関連し合うことで、目の前の子どもの姿と、その園で育てていきたい子ども像とがつながるわけです。
　次に、「年間指導計画」と「月案」を例に、立案の基本的な手順を考えてみます。

《年間指導計画》
１年間の発達過程を踏まえて設定

　年間指導計画は、基本的に前年度までの年間指導計画を踏まえて修正を行い、目の前の子どもの１年間の育ちを見通して立案します。「保育目標（年間目標）」は、園の「全体的な計画」に示されていることと連動させたり、関連づけたりしながら、１年間の子どもの育ちを見通して考えます。年間指導計画は数か月単位の「期」に分けて示されることが多くありますが、各時期に育てていきたい「ねらい」は、新しい保育指針等に示されている「ねらい」を踏まえて、発達の過程に応じながら検討していくことが必要です。
　そのため、年間指導計画を立案するためには、発達過程の理解が重要です。例えば、１歳児クラスでも年度当初は、月齢１歳でスタートしますが、１年の間に月齢は２歳になっていきます。そのため、１歳という発達を理解するだけではなく、１歳から２歳への移行という意識をもって発達の過程を理解することが必要です。
　また、「ねらい」や「（予想される）子どもの姿」は、０歳児と１歳児クラスの場合、興味・関心の差だけでなく、発達の差も大きいので、「高月齢児」「低月齢児」の区分で分けることも多くあります。
　また、「保育者の援助・配慮」「環境構成」「家庭との連携」は、１年間通じて同じというわけではなく、子どもの発達に応じた「ねらい」や「子どもの姿」によって変わります。また、新しい保育指針等の「内容」や「内容の取扱い」「配慮事項」を踏まえて考えていくことも必要です。

《月案（クラス全体）》
子どもの姿と関連づけて
ねらいや保育内容を考える

　次に月案の立案について考えてみましょう。月案は、「クラス全体の計画」と「個別計画」の２つを考えてい

く必要があります。

「クラス全体の計画」には、「子どもの姿」「ねらい」「保育の内容（経験する内容）」「保育者の援助・配慮」「環境構成」「家庭との連携」などの要素があります。立案の基本的な手順は、クラスの「子どもの姿」を出発点として、その月の具体的な「ねらい」と「保育の内容」を考え、それに応じて「保育者の援助・配慮」と「環境構成」を考えていくという流れになります。

特に、立案にとって大切なのは「子どもの姿」をどう捉えるか（＝子ども理解）です。個々の子どもが興味をもっているものや遊びだけでなく、その子の育ちを理解することによって、その後の保育の方向性が決まってきます。興味をもっているものや遊びはそのまま継続していきながら、年間指導計画に示されているその時期の「ねらい」や「（予想される）子どもの姿」と関連づけて、その月の「ねらい」や「保育の内容」を考えていく必要があります。

さらに、それらに関連づけながら、保育室の物的環境などの環境構成は、「このままでよいのか」「変化させていく必要があるのか」「どのように変化させていくか」ということを考えていくことも必要です。

なお、「子どもの姿」は、「前月後半（最終週）の子どもの姿・様子」を書くことが多いですが、園によっては「その月に予想される子どもの姿」を記入する場合もあります。

 《月案（個別）》
個々の興味や発達の差を考慮

0・1・2歳児のクラスにおいては、クラス全体の計画とともに、個々の子どもに応じた個別計画の作成が重要です。個人の興味の差、発達の差が大きい時期だからこそ、個別計画は個々の子ども理解をしっかり行ったうえで「その子の姿・育ち」や「ねらいと保育の内容」「保育者の援助や配慮」などを書きます。個々に応じた計画ではありますが、そこに記載する内容はクラス全体の計画と関連づけられている必要があります。

立案の前におさえておく事項

　前項のような手順で指導計画を立案していきますが、その前提となるのは新しい保育指針等に示されている0・1・2歳児の発達の特徴や「ねらい」「内容」などです。新しい保育指針に示されている発達の特徴をおさえておきましょう。

 保育指針に示された発達の特徴

●0歳児（乳児）

> 乳児期の発達については、視覚、聴覚などの感覚や、座る、はう、歩くなどの運動機能が著しく発達し、特定の大人との応答的な関わりを通じて、情緒的な絆(きずな)が形成されるといった特徴がある。これらの発達の特徴を踏まえて、乳児保育は、愛情豊かに、応答的に行われることが特に必要である。
> 〔保育指針 第2章の1の(1)基本的事項より〕

●1歳以上3歳未満児

> この時期においては、歩き始めから、歩く、走る、跳ぶなどへと、基本的な運動機能が次第に発達し、排泄(せつ)の自立のための身体的機能も整うようになる。つまむ、めくるなどの指先の機能も発達し、食事、衣類の着脱なども、保育士等の援助の下で自分で行うようになる。発声も明瞭になり、語彙も増加し、自分の意思や欲求を言葉で表出できるようになる。このように自分でできることが増えてくる時期で
> あることから、保育士等は、子どもの生活の安定を図りながら、自分でしようとする気持ちを尊重し、温かく見守るとともに、愛情豊かに、応答的に関わることが必要である。
> 〔保育指針 第2章の2の(1)基本的事項より〕

　このように0・1・2歳児は、運動機能・身体機能とともに、情緒面、言葉、人との関わりの発達が絡まり合いながら大きく成長していく時期です。さらに「情緒的な絆」や「自分でしようとする気持ち」の育ちが保障される必要があります。そのためには、愛情深い、応答的な関わりが保育者に求められます。「保育者の援助・配慮」を指導計画に書く際には、これらのことを意識して書くことが必要です。

〈「視点」と「領域」の関係〉

0歳児（乳児）　　　　　1歳以上3歳未満児／3歳以上児
┌─ 3つの視点 ─┐　　　┌─ 5領域 ─┐
● 健やかに伸び伸びと育つ　　　●健康　●人間関係
● 身近な人と気持ちが通じ合う　●環境　●言葉　●表現
● 身近なものと関わり感性が育つ

視点とねらい

● 0歳児（乳児）

保育指針等に記述された0歳児（乳児）を見る視点とねらいは、次の通りです。

【健やかに伸び伸びと育つ】
①身体感覚が育ち、快適な環境に心地よさを感じる。
②伸び伸びと体を動かし、はう、歩くなどの運動をしようとする。
③食事、睡眠等の生活のリズムの感覚が芽生える。

【身近な人と気持ちが通じ合う】
①安心できる関係の下で、身近な人と共に過ごす喜びを感じる。
②体の動きや表情、発声等により、保育士等と気持ちを通わせようとする。
③身近な人と親しみ、関わりを深め、愛情や信頼感が芽生える。

【身近なものと関わり感性が育つ】
①身の回りのものに親しみ、様々なものに興味や関心をもつ。
②見る、触れる、探索するなど、身近な環境に自分から関わろうとする。
③身体の諸感覚による認識が豊かになり、表情や手足、体の動き等で表現する。

このように、各視点に3つずつの「ねらい」が示されています。

これらは、「感じる、興味や関心をもつ」という心情の育ちを土台として、「〜しようとする」という意欲の育ちへ、さらに「芽生える、表現する」といった行動（態度）の育ちへという発達を促すような「ねらい」となっています。

● 1歳以上3歳未満児

1歳以上3歳未満児では、5領域で「ねらい」「内容」が示されていますが、0歳児と同様に「心情の育ち」を土台として、「意欲の育ち」「行動（態度）の育ち」のねらいとなっています。したがって、「自分でしようとする気持ち」を育てていくために、愛情豊かに子どもを受容し、応答的な対応を重視した「指導計画」を意識していくことが大切です。

養護と教育の一体性

再確認された「養護」の重要性

大妻女子大学 家政学部児童学科 教授　阿部 和子
（厚生労働省社会保障審議会保育専門委員会委員）

「養護」は保育所保育の基盤

　改定された保育指針の第1章「総則」の1「保育所保育に関する基本原則」(1)「保育所の役割」のイにおいて、「保育所は、その目的を達成するために…（略）…養護及び教育を一体的に行うことを特性としている」と記載され（下段左の引用文参照）、平成20年告示の保育指針の考えが引き継がれました。

　これまでの保育所保育の特性を踏襲しながら、さらに続けて第1章「総則」に、2「養護に関する基本的事項」という項目を新たに立てて（1）「養護の理念」を書き込んでいます（下段右の引用文参照）。また、平成20年告示の保育指針では「保育の内容」で取り扱われていた「養護に関わるねらい及び内容」を「総則」に入れています。そのことで、養護は保育所保育の基盤をなすもの

であると示し、その重要性を再確認しようとしたことに、今改定の保育指針の意思があります。

「養護」と「教育」の定義づけ

　「養護と教育が一体的に行われること」に関しては、最初の保育指針（昭和40年）から一貫していわれてきましたが、それが具体的にどのようなことを指すのかについては、あまり議論されてこなかったというのが正直なところだと思います。

　そして、平成20年の改定時に、養護と教育の定義がなされました。この時の保育指針の第3章「保育の内容」の前文に、

　「…（略）ここにいう『養護』とは、子どもの生命の保持及び情緒の安定を図るために保育士等が行う援助や

「保育所保育指針」第1章　総則
　1　保育所保育に関する基本原則

(1) 保育所の役割
ア　（略）
イ　保育所は、その目的を達成するために、保育に関する専門性を有する職員が、家庭との緊密な連携の下に、子どもの状況や発達過程を踏まえ、保育所における環境を通して、養護及び教育を一体的に行うことを特性としている。

「保育所保育指針」第1章　総則
　2　養護に関する基本的事項

(1) 養護の理念
　保育における養護とは、子どもの生命の保持及び情緒の安定を図るために保育士等が行う援助や関わりであり、保育所における保育は、養護及び教育を一体的に行うことをその特性とするものである。保育所における保育全体を通じて、養護に関するねらい及び内容を踏まえた保育が展開されなければならない。

関わりである。また、『教育』とは、子どもが健やかに成長し、その活動がより豊かに展開されるための発達の援助であり、『健康』、『人間関係』、『環境』、『言葉』及び『表現』の五領域から構成される。…(略)…保育の内容は、子どもの生活や遊びを通して相互に関連を持ちながら、総合的に展開されるものである」
とあります。

ここで初めて、養護と教育がそれぞれに明確に定義され、養護および教育が一体的に行われることが明記されたのです。

 ### 「養護」と「教育」が定義された意味とは

養護と教育がそれぞれに定義されたことにより、それぞれが何を指すのかについてわかりやすくなりました。しかしその半面、「一体的に行う」ということの解釈がさまざまになされたように思います。

例えば、養護は年齢の低い3歳未満児の保育であり、教育は3歳以上の保育をいい、6年間で養護から教育へと移行していく、という解釈がありました。

また、平成27年から施行された幼保連携型認定こども園教育・保育要領において、「教育及び保育を一体的に提供する」というようにその施設の目的を明記されたところから、教育と保育の時間が別にあると錯覚したり、その延長線上で、保育を行う保育所には教育がないと思っている人も少なからずいます。

これらは誤った解釈なのですが、明確な定義や説明の機会もなかったために、このようにそれぞれの園や保育者によって独自の解釈が行われるようになりました。

これらの錯覚や曖昧な考えを払拭するために、今回の

〈平成20年改定の保育指針による養護と教育の定義〉

改定では、しっかりと総則に「養護及び教育を一体的に行う」のが保育所の特性であることを示し、さらに、乳幼児期の子どもの教育は子どもの生きることに対する安心感や命が脅かされないことと一体となっているのだ、ということを保育指針は主張しているのだと思います。

養護と教育を「一体的に行う」ということ

それでは、「一体的に行う」とはどういうことかを、今回の保育指針をもとに考えてみます。

17ページに、今回の保育指針の第1章「総則」1「保育所保育に関する基本原則」の（3）「保育の方法」から一部を抜粋しました。

これを見ると、子どもが安心して自己を十分に発揮し、生活や遊びを通してさまざまな体験をする（学び）ために保育者がすることとして、

・子どもの主体としての思いや願いを受け止める
・子どもの生活のリズムを尊重する
・一人ひとりの発達に応じて関わる
・子どもが自発的・意欲的に関われる環境を構成する

というように、子どもの生活や遊びを通しての経験の蓄積と、そのための保育者の関わりや配慮・気配りなどが、セットになって表現されています。

また、教育は「働きかける側（保育者）が意図的に、働きかけられる側（子ども）の能力などを向上させようとして行う」ということを核としたものであると考えられますが、ここで、働きかけられる側である子どもに焦点を当てて、教育ということを考えてみます。

「働きかける側」がどのようによいことと考えても、それがそのまま子どもに伝わるとは限りません。伝わらなければ、「教育」があっても「学び」がないということが起きてきます。学び手（子ども）がよくなろうとして行動するところに、「教育（働きかける側の意図）≒学び（働きかけられる側の意図の受け取り）」が起きるのであり、「教育＝学び」ではありません。

　この教育(働きかける側)と学び(働きかけられる側)の間に、働きかける側の養護的側面(情緒の安定が安心感につながること)が位置づけられているのではないかと思います。この関係性が「養護と教育が一体的に行われる」ということなのではないでしょうか。

 これからの保育で求められること

　この、教育と学びと養護の関係性から、子どもと保育者の関わりを「教育的関わり」と「養護的関わり」の側面から見る必要が生まれます。実践においては、それらが一体となって展開されていることを再確認するとともに、保育所保育で大切にしている「養護と教育を一体的に行うこと」の具体的な内容を、実践に即して言葉にしていくことが重要になります。

　それには、日々の保育のなかで、または園内研修などの機会に、保育者同士で話し合ったり、「養護と教育を一体的に行うとは」ということについて話し合う機会をつくったりすることが大切になってきます。保育での子どもの様子について、1つの場面を養護と教育の側面から話し合ったりして、養護と教育の捉え方について保育者同士でそれぞれの考えを意識的に言葉にできるよう、さまざまな工夫ができるとよいのではないでしょうか。

「保育所保育指針」第1章　総則
　1　保育所保育に関する基本原則

(3)　保育の方法　より抜粋
ア　(略)…子どもが安心感と信頼感をもって活動できるよう、子どもの主体としての思いや願いを受け止めること。
イ　子どもの生活のリズムを大切にし、…(略)…自己を十分に発揮できる環境を整えること。
ウ　(略)…一人一人の発達過程に応じて保育すること。その際、子どもの個人差に十分配慮すること。
エ　(略)…集団における活動を効果あるものにするよう援助すること。
オ　子どもが自発的・意欲的に関われるような環境を構成し、子どもの主体的な活動や子ども相互の関わりを大切にすること。特に、乳幼児期にふさわしい体験が得られるように、生活や遊びを通して総合的に保育すること。
(以下略)

本書の指導計画について

本書の指導計画は、執筆園の保育をモデル化したものです。指導計画立案などのご参考にされる際は、貴園の所在地域や子どもたちの実態に合わせて、ご使用ください。

1. 年間計画

園の全体的な計画等に基づき、子どもの発達過程を踏まえて、4月からの一年間で育てたい子どもの姿や保育のねらいなどを見通して作成しています。

○**年間目標**
園の全体的な計画等を踏まえ、4月からの一年間で育てたい子どもの姿を念頭に、保育の方向性を目標として記載しています。

○**「期」の分け方**
指導計画執筆園の全体的な計画等に準じて、4期に分けています。

○**CD-ROMの階層**
付属CD-ROMに収録された、本ページのデータの階層を表しています。

○**ねらい**
子どもの発達を踏まえ、育てたい子どもの姿や保育の意図を、その期の「ねらい」として掲げています。

○**子どもの発達**
産休明け〜2歳未満までの子どもの標準的な発達の姿を記述しています。

○**保育者の配慮**
「子どもの発達」をふまえて、その月齢にふさわしい「保育者の配慮」を記しています。

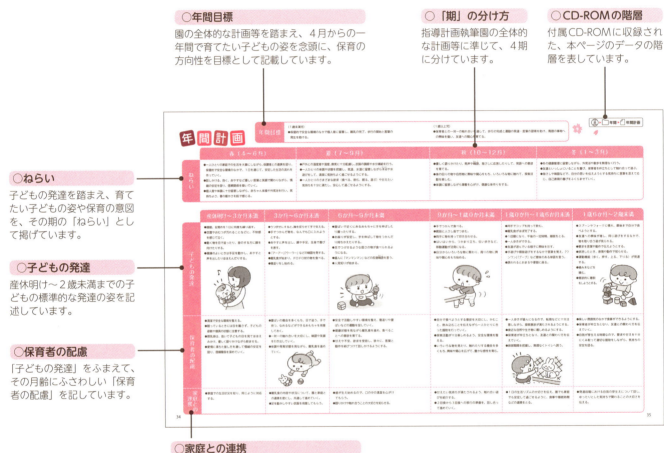

○**家庭との連携**
保護者と信頼関係を築き、子どもの育ちを家庭とともに見守っていくために、保護者と連携して進めたい事柄を挙げています。

○**掲載している「年間計画」の種類**
上記の「(保育)年間計画」(34ページ)のほか、
　◎「食育年間計画」(36ページ)
　◎「保健年間計画」(38ページ)
　◎「防災・安全年間計画」(39ページ)
を掲載しています。

2. 発達バランスチェック表

子ども一人ひとりの心身の発達の様相が、ひと目でわかるように工夫されたチェック表です。

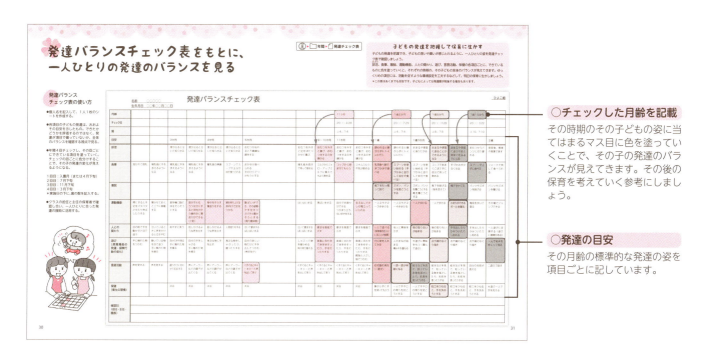

○チェックした月齢を記載

その時期のその子どもの姿に当てはまるマス目に色を塗っていくことで、その子の発達のバランスが見えてきます。その後の保育を考えていく参考にしましょう。

○発達の目安

その月齢の標準的な発達の姿を項目ごとに記しています。

3. 子どもの姿と保育のポイント

各月のトップページには、年間計画・子どもの発達過程・季節などを踏まえて、その月に見られる子どもの姿と、保育をしていく際のポイントをまとめています。

○今月の保育ピックアップ

0歳児の保育を、発達、環境、行事など、さまざまな角度から見ていきます。また、保育指針等で新たに示された視点も取り上げます。

4. 月案

その月の子どもの姿（低月齢児と高月齢児）を個別に見通しながら、ひと月単位の計画として示しています。

○ 養護と教育の視点
「ねらい」と「内容と配慮・環境」の欄は、保育者側の見方の参考として、養護面（◇）と教育面（◆）をマークで表示しています。

○ 今月の保育のねらい
前月末の子どもの姿を踏まえて、年間計画に示されたその時期のねらいを見据えながら、今月のねらいを立てています。

○ 行事予定
その月の主な行事を表示しています。

○ CD-ROMの階層
付属CD-ROMに収録された、本ページのデータの階層を表しています。

○ 保育資料
その月によく見られる活動や遊びを掲載しています。ここに掲載された活動や遊びが、本書の月案・週案にすべて記載されているわけではありません。

○ 職員間の連携
複数の保育者が保育にあたるうえで、情報の共有や、子どもや保護者への配慮が必要なポイントなどが記載されています。

○ 自己評価の視点
当月の終了時に「評価」を行う際の視点を示しています。

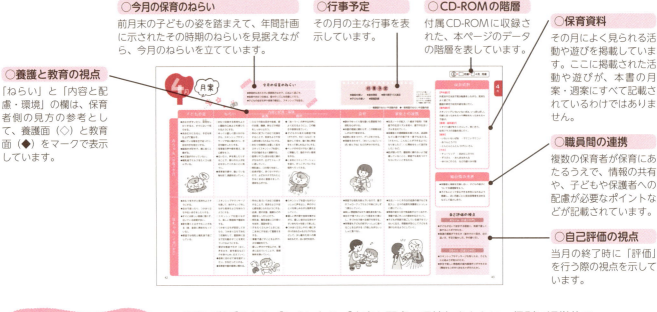

5. 週案・日誌

月案で挙げられた「ねらい」や「内容と配慮・環境」をもとに、個別に週単位での計画を立てます。ひと月のなかから、低月齢児と高月齢児の「ある1週」を取り出して、週単位の計画と1日ごとの記録（日誌）を掲載しています。

○ 前週の子どもの姿
前週までに見られた子どもの様子を示しています。

○ 今週のねらい
月案に示された「ねらい」や保育の流れを踏まえて、前週までの「子どもの姿」を見据えながら、「今週のねらい」を立てています。

○ CD-ROMの階層
付属CD-ROMに収録された、本ページのデータの階層を表しています。

○ 今週の気づき
1週間の保育のなかで、よく見られた姿や目立った変化、保育者が気づいたことなどを、まとめとして記入しています。この欄に書かれたことが、翌週へのつながりになっていきます。

6. 保育の展開

月ごとの環境設定をはじめ、季節の健康や子育て支援などに役立つヒントや資料を掲載しています。

本書付属の CD-ROM について

本書付属のCD-ROMには、Excel 形式のデータが収録されています。以下の事項に合意いただいたうえで、ご開封ください。

◆ 本書付属CD-ROMをお使いになる前に

【動作環境】
◎付属CD-ROMは、以下のOS、アプリケーションがインストールされているパソコンでご利用いただけます。
＜ Windows ＞
OS：Windows10、Windows 8、Windows 7
アプリケーション：Microsoft Office 2010 以降
＜ Macintosh ＞
OS：Mac OS X 10.8 以降
アプリケーション：Microsoft Office for Mac 2010 以降
◎付属CD-ROMをご使用いただくためには、お使いのパソコンにCD-ROMドライブ、またはCD-ROMを読み込めるDVD-ROMドライブが装備されている必要があります。

【使用上のご注意】
・付属CD-ROMに収録された指導計画のデータは、お使いのパソコン環境やアプリケーションのバージョンによっては、レイアウトなどが崩れる可能性があります。
・収録された指導計画のデータは、本書誌面と異なる場合があります。
・収録された指導計画のデータについての更新や、使い方などのサポートは行っておりません。
・パソコンやアプリケーションの操作方法については、お手持ちの使用説明書などをご覧ください。
・付属CD-ROMを使用して生じたデータ消失、ハードウェアの損傷、その他いかなる事態にも、弊社およびデータ作成者は一切の責任を負いません。

※Microsoft Windows、Microsoft Office Excel は、米国Microsoft Corporation の登録商標です。
※Macintosh は、米国 Apple Inc. の商標です。
※本書では、商標登録マークなどの表記は省略しています。

◆ CD-ROM 取り扱い上の注意

・付属のディスクは「CD-ROM」です。オーディオ用のプレイヤーでは再生しないでください。
・付属CD-ROMの裏面に汚れや傷をつけると、データが読み取れなくなる場合があります。取り扱いには十分ご注意ください。
・CD-ROMドライブに正しくセットしたのち、お手持ちのパソコンの操作方法に従ってください。CD-ROMドライブにCD-ROMを入れる際には、無理な力を加えないでください。トレイにCD-ROMを正しく載せなかったり、強い力で押し込んだりすると、CD-ROMドライブが破損するおそれがあります。その場合でも、弊社およびデータ作成者は、一切の補償はできません。

◆ 付属CD-ROMに収録されたデータの内容

・ページの上部に下記のようなCD-ROMのマークが付いているものは、付属CD-ROMにデータが収録されています。

・図のような順をたどっていくと、そのページのデータが収録されています。

【付属CD-ROMの収録内容】

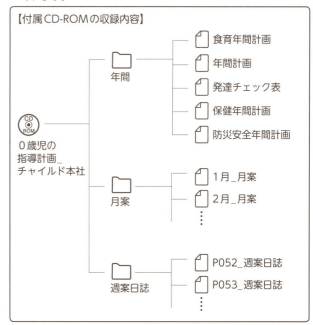

・お使いのパソコンの設定によっては、上図の順番で表示されない場合があります。
・付属CD-ROMに収録された指導計画のデータに、イラストは入っていません。

◆ CD-ROMに収録されている
デジタルコンテンツの使用許諾と禁止事項

・本書付属のCD-ROMに収録されているデジタルコンテンツは、本書を購入された個人または法人が、その私的利用の範囲内においてお使いいただけます。
・本コンテンツを無断で複製して、第三者に販売・貸与・譲渡・頒布（インターネットを通じた提供も含む）することは、著作権法で固く禁じられています。
・本CD-ROMの図書館外への貸し出しを禁じます。

0～5歳児 発達の姿を理解しよう

鈴木八重子 (元 文京区立保育園 園長)

援助は子どもの発達理解から

保育を行ううえで、「子どもの発達を理解すること」はとても大切です。保育者が子どもの発達の理解を深めることで、保育はよりよく展開されます。

例えば、子どものある部分を育てたいと考えたとき、子どもの育ちを知って初めて、子どもがどういった発達段階にあるのか、どう援助していくと目指すところに到達するのかを考え、保育を進めることができるのです。

遊びにおいて、子どもが興味をもち、おもしろがって自発的に遊ぶのは、その子の発達に見合った遊びです。集中できる遊びは、子ども自身の学びにつながります。危機管理の面でも、子どもの発達を知らなければ〈体験させてよいこと〉と〈止めるべきこと〉が判断できず、大事故につながりかねません。

つまり、発達を正しく理解することで、一人ひとりに合った目標と、そのためのスモールステップが明確になり、よりよい発達への援助が行えるのです。

遊びから得た達成感が生活の充実に

遊びは、子どもになくてはならない学びの場です。

自分でやってみて、失敗して考えて、再度挑戦してみるという繰り返しから、子どもはいろいろなことを学びます。自分で学んで獲得するのは時間がかかることですが、できるようになった達成感は、なにものにも代えがたいものです。その達成感こそが、子どもの成長過程において大きな自信につながります。自信をもつことで、また次の興味や関心を抱き、挑戦し、充実した生活を送ることにつながります。

保育者は、子どもの遊びと生活を保障し、安心して成長できる環境を提供する役割を担っているのです。

クラスの様子

0歳
- 飲む・寝る・遊ぶの安定したリズムで過ごす
- いろいろな味や形態、またスプーンに慣れる
- 探索活動が活発になる

1歳
- 好きな場所や遊びを見つけて安心する
- 友達を意識し始める
- 遊びの幅が広がる
- 着替えなどに興味をもつ

2歳
- 友達のまねをする
- 「イヤ！」「自分で！」と自己主張が出て、ぶつかることもある
- 身の回りのことを自分でしようとする
- パンツで過ごせる子もいる

3歳
- 新入園児と進級児に生活経験の差が大きい
- 周囲を見て「やりたい」気持ちが起きる
- いろいろなことに挑戦しようとする
- 自分なりに生活を見通す
- 基本的な生活習慣がほぼできる

4歳
- おもしろそう！ やってみたい！と、興味や関心が広がる
- 友達と思いがぶつかることもある
- 生活や遊びの決まりを守ろうとする
- クラスの活動を楽しむ
- 年長への期待感でいっぱいになる

5歳
- 年長としての自覚が芽生える
- 生活習慣が確立する
- 目的をもち、考えながら遊ぶ
- 子ども同士で話し合う力がつく
- クラスがまとまる
- 就学に向け、自分たちで見通しをもって生活を進める

運動機能	言語・認識	人間関係
●首が据わる ●寝返りをうつ ●はいはいをする ●つかまり立ちをする ●親指と人さし指でつまむ	●物をじっと見る ●声が出る ●喃語が出る ●指さしの先を追う ●興味のある場所へ移動する	●動く人を目で追う ●いないいないばあを喜ぶ ●意思を伝えたがるようになる ●人見知りが始まる ●指さしが多くなる
●伝い歩きをする ●ちぎる、破る、なぐり描きをする ●歩き始める ●しゃがむ ●手をついて階段を上る	●簡単な一語文が出る ●二語文が出る ●一人遊びをする ●要求を簡単な言葉で表現する ●絵本や紙芝居に興味をもつ	●大人のまねをする ●要望を動作で伝える ●友達と手をつなぐ ●名前を呼ばれると返事をする ●簡単な挨拶をする ●笑ったり泣いたりして、感情を表す
●体を方向転換させる ●しっかりと歩く ●走ったり、跳んだりする ●のりやはさみを使う ●全身を使って遊ぶ	●言葉への興味が広がる ●三語文が出始める ●少しの間待てる ●おしゃべりが盛んになる ●盛んに質問する ●見立て遊びを楽しむ	●いわゆるイヤイヤ期 ●「自分で！」と自己主張する ●友達のそばで同じ遊びをする ●見立てやごっこ遊びをする ●簡単なルールのある遊びをする ●相手の思いに気づく
●箸を使い始める ●ボタンをはめようとする ●はさみで連続切りをする ●片足跳びをする ●目標物に向かって走る	●自分の名字と名前を言う ●大小の区別がつく ●「なぜ？」と質問する ●数の理解が進む ●乱暴な言葉づかいをまねたり、反応を楽しんだりする	●一人遊びに没頭する姿が見られる ●友達と遊ぶようになる ●けんかを通じて思いやりの気持ちが芽生える ●友達を手伝おうとする ●仲間意識が高まる
●でんぐり返しをする ●ボールの扱いが上手になる ●同時に２つの動きをする ●午睡なしで過ごせる子もいる ●縄跳びで両足跳びをする	●善悪の判断がつく ●靴の左右を正しく履く ●生活時間の理解が進む ●伝聞ができる ●文字や数へ興味が出る ●絵本やお話のイメージを広げて楽しむ	●遊びによっては特定の友達と遊びたがる ●思いやりの心が育つ ●競争心が芽生える ●自我が確立する ●約束やルールがわかり守ろうとする
●箸を使いこなす ●自分で衣服の調節を行う ●固結びができる子もいる ●側転をする ●リレー、ドッジボールをする ●自分なりの目標をもち、繰り返し取り組む	●感情の自覚とコントロールができる ●しりとりやなぞなぞを楽しむ ●不思議なことを図鑑で調べる ●生き物を飼育し観察する ●30までの数が数えられる ●左右や信号・標識の見方がわかる	●特定の仲よしができる ●けんかを話し合いで解決する ●友達の気持ちを代弁する ●ルールを作って遊べる ●共通イメージで製作できる ●見通しをもって準備や練習をする ●友達と協力して最後までやり通す

0歳児の発達と見るべきポイント

ねんね・首のすわる頃
0か月～3か月

子どもの姿
- ◎眠りと覚醒を繰り返している。
- ◎不快や空腹で泣き、だっこされると泣きやむ。

運動機能
- ●手の親指と人さし指は、内側に閉じている。
- ●首がすわり始めると、少しだが自分で左右に動かして見渡せる。
- ●物をゆっくり左右方向に動かすと、追視し始める。

見るべきポイント
- ●両手を持ち、ゆっくり体を起こしながら首のすわりや手を握る強さを確かめ、発達を確認する。
- ●ベッド上で、つるしおもちゃ(目から30cmくらいの高さ)や音の出るおもちゃ(きれいな音、やさしい音)、赤い色のおもちゃなどで追視の確認をする。

あおむけで過ごす。
向きぐせを見る。

快 …だっこ
　　満腹
不快…おむつがぬれた
　　　空腹
　　　眠い

視野30～50cm。
目を右から左、左から右に動かす。

自分の手を眺めるなど、見る遊びをする。

排便は水っぽい便が1日数回。

注意
- ＊抱き方は、体を水平にして必ず首と頭を支える。
- ＊窒息や、乳幼児突然死症候群（SIDS）の危険を避けるよう、うつ伏せ寝に注意。呼吸の有無を確認する。

寝返りの頃
4か月～5か月

子どもの姿
- ◎昼夜の区別がつき始め、生活リズムができてくる。
- ◎首がすわり、支えられて座ることができる。
- ◎味覚が芽生え始め、味の違いがわかる。離乳食初期が始まる。

運動機能
- ●親指が外に出て、おもちゃを持たせると握ることができる。
- ●指を広げておもちゃを両手で取る。
- ●腹ばいにすると、肘で上半身を支えることができる。

見るべきポイント
- ●小さめのガラガラを持たせてみる。
- ●目と手の協応ができ始め、目の前のおもちゃに手を伸ばして取ろうとするので、いろいろなおもちゃで試してみる。
- ●見る、触れる、握る、口に運んでなめる、かむなどの機会を増やす。

仰向けからうつ伏せへ寝返りする。
うつ伏せから仰向けへ寝返りする。

人見知りが始まる。
あやされると声を出して笑う。
身近な人の顔がわかる。

自分で見つけた物に、自分の意思で近づく。

離乳食、1回食の始まり。

まばたきができる。

唇を閉じて、音を出せる。

味覚は敏感。

5本の指が開く。握る。つかむ。両手で取る。

排便は泥のような便から少し固めに。

寝返り時、下になった方の手が抜けるか。
おもちゃなどに手を伸ばせるか。

注意
- ＊寝返りを促すには、ふわふわ沈む布団は適さない。薄着で畳の上、固めのマットの上で。
- ＊自分で寝返りするようになったら、うつ伏せ状態での窒息に注意。

ずりばいの頃
6か月〜7か月

子どもの姿
◎左右の寝返りができるようになる。
◎支えられてお座りができるが、まだ不安定。
◎昼間、目覚めている時間が延び、生活リズムの土台ができてくる。
◎乳歯が生え始める。
◎ミルク以外の物を飲んだり食べたりできる。
◎授乳リズムが3.5〜4時間になる。

運動機能
●腹ばいになると、手のひらで上半身が支えられるようになる。
●飛行機のように両手を横に広げたり、お腹を軸に両足指に力を入れて旋回したりする。
●両手でおもちゃを持つことができるようになる。
●おもちゃなど手に持った物を、右手と左手で持ち替えることができるようになる。

見るべきポイント
●手を伸ばすと届きそうな範囲におもちゃを置き、はいはいを促す。
●探索活動が始まり、目、手、口など全身の感覚器官を使って確かめる（つるつる、ざらざら、硬い、柔らかい、ちくちく、べたべたなど）。

外に出て、外気に触れさせる。
たくさん遊んで日光（外気）に当たる。

動く物への反応がよくなる。

人見知りや後追いが見られる。

離乳食、2回食へ。
唇を閉じて食べる。
喃語を発する（強弱や高低もつけられる）。
乳歯が生え始める。

周囲の物を目で見て、手で触れて、口に入れて確かめる。

排便リズムが整ってくる。

両手が自由に使える。
右手から左手、左手から右手と、自由に持ち替えられる。

夜8時就寝、朝6時起床を目安に、早寝早起きのリズム作りへ。
（午前睡1回、午後睡1回あり）

まだ1人では座れない。
支えられてお座りをする場合でも、腰に負担がかかるので、5分以内とする。

注意
＊なんでも触ったり、引っ張ったり、口に入れたりするので、誤飲を防ぐため、危険な物は置かないようにする。おもちゃも3.5cm以下の物は置かない。

はいはい・お座りの頃
8か月〜9か月

子どもの姿
- ◎母体免疫から自己免疫への切り替えが完了する。
- ◎離乳食を、舌の上下運動とあごの上下運動で、つぶして食べるようになる。
- ◎朝6時前後起床、午前睡1回、午後睡1回、夜8時前後就寝の生活リズムができてくる。

運動機能
- ●ずりばいから、お腹を持ち上げて、よつんばいで進む。
- ●支え座りから、1人で座れるようになる。
- ●簡単な模倣（ばいばい、ちょうだいなど）ができるようになる。
- ●親指、人さし指を使って、つまむことができる。

見るべきポイント
- ●意欲的にはいはいができるようおもちゃなどで誘い、十分な広さを提供する。
- ●十分に探索できる環境を用意し、さまざまなおもちゃや素材で引っ張る、つまむ、振る、出す、入れる、打ち合わせるなどの動作を促す。

はいはいや一人座りができるようになる。
上下に分かれた動きやすい衣服にする。

話しかけると喃語で応える。
指さしが始まる。

自分の名前がわかる。

舌とあごの上下運動、咀嚼ができる。

探索行動が活発になる。
・引っ張る
・つまむ（親指と人さし指で）
・打ち合わせる（両手におもちゃを持って）
・振る
・出し入れする
・はがす
・口と舌で感触を確かめる

排便は食べた物によって回数が乱れることもある。

「いないいないばあ」を楽しむ。
（視野に入っている→消える→存在し続けているのを確認）。
大人とのやりとり遊びをする。
「ちょうだいな」「どうぞ」「ありがとう」
「ばいばい」「いやいや」

お座りがまだ不安定な子どもには、背中を支える囲み（牛乳パックでカタカナのコの字の形を作る）を用意する。

注意
＊母体免疫から自己免疫に切り替わる時期なので、感染症、熱、突発性発疹などに注意する。

つかまり立ち・伝い歩きの頃
10か月～1歳0か月

子どもの姿

◎離乳食後期。舌やあごを動かして、歯ぐきで咀嚼が行える。食べたい意欲で手づかみ食べが見られる。
◎自分でしたいという意欲が高まる。大人のまねをする。周囲の物への興味が広がり、確かめる行動が増えてくる。
◎手さし、指さし行動が出てくる。
◎自分の名前がわかり、呼ばれると振り返ったり、手を挙げたりできる。

運動機能

- はいはいからお座りができる。
- よつんばい、高ばいで、10cm程度の段差の上り下りができる。
- 手に持っている物を、保育者に渡すことができる。
- ラッパなどのおもちゃを吹いて、音を出して遊ぶ。
- 人のしていることをまねする行動が増えてくる。

見るべきポイント

- 少しの段差にも興味を示し、挑戦したがるので、体のバランスを見ながら試していく。
- 器に入っている物を出したり入れたりするなど、大人のまねをするので、言葉を添えながら、いっしょにやりとりを楽しむ。

自分でやりたいという意思が芽生える。斜面や段差に挑戦する。

自分と他人がわかる。

名前を呼ばれると、声を発したり、手を挙げたりする。

離乳食は3回食。食間は4時間前後。手づかみ食べをする。

一語がはっきり言える（わんわん、ぶーぶー、まんま）。言葉のまねが始まる。

棚や壁に両手でつかまりながら、横に移動する。「初めの一歩」の横歩き。つかまった手を離して、数秒間立てる。

片手はつかまったまま、足元のおもちゃをしゃがんで取る（膝の屈伸運動）。

排便は1日1～2回。

注意

* 転倒に注意する。
* 興味や関心のある物にはすぐ手を伸ばして触ろうとするので、コンセントやコードなどに注意し、差し込み式カバーやコードリールなど、事故防止グッズを活用する。

一人歩き・歩行の完成の頃
1歳1か月〜1歳6か月

子どもの姿

◎1歳児食になる。手づかみ食べとスプーン食べを併用するようになる（スプーンは上手握り）。
◎一語文（まんま、ばいばい、まま、あった、など）がたくさん出てくる。
◎はじめの1歩が出ると、日々歩数が増えてくる。
◎はいはい、お座り、一人歩きが自由にできる。
◎転倒、落下、手足をぶつけるなどのけがや事故を未然に防げるよう、行動をしっかり観察し、目を離さないようにする。
◎着脱をするようになる。
◎トイレトレーニングの始まり。おまるに座ってみる体験をする。

運動機能

●全身運動が活発になる（歩行、姿勢を自由に変えられる、体の向きを変えられる、方向転換ができるなど）。
●物を持って歩いたり、物を押して歩いたりする。
●ボールを投げたり蹴ったりするのをまねする。
●保育者の膝の上で、ズボンの着脱をしようとするしぐさが出てくる。片足を上げる、片足をズボンに入れることができる。

見るべきポイント

●歩き始めの体のバランスを見て、足の運び、腕の動かし方をチェックする。
●よちよち歩きになったら、足腰のバランスを見て、安定しているか確認する。
●身体的に気になることがある場合、乳幼児健診等で相談する。
●ボール遊びで、腕や足の筋力、体のバランスを養っていく。
●上下に分かれた下着、衣服に替え、介助されながらも自分で着脱しやすいようにする。

だだこねが始まる。
自分の思いどおりにならないと、「○○がいい」と泣いて要求する。

テーブルと椅子で食事をする。
1歳児食が始まる。
前歯が上下4本ずつ生える。
手づかみとスプーンを並行して食べる。

昼寝は午後1回になる。
早寝、早起きの生活リズムを作っていく（保護者にも伝える）。

排尿間隔が長くなるのでおまるに座ってみる。

好奇心が旺盛。

「初めの1歩」が出る。
1歩が出ると、2歩、3歩…、と両手でバランスをとって歩き出す。

一人歩きができるようになったら、歩きやすい靴を用意してもらう。
かかとがしっかりして、つま先に5mmの余裕があるもの。

描画（スクリブル）、絵の具遊び（左右に腕を動かして紙の上に描く）。
砂、泥遊び。

注意

＊なんでも口に入れて確かめる時期なので、室内では小さいごみや紙くず、園庭では砂や草花を口に入れないよう注意する。
＊室内では、はだしで歩ける環境に。園庭では、靴下を履いて靴を履いたり、はだしで土の上を歩いたりできるようにする。

盛んな歩行・小走りの頃
1歳7か月～1歳11か月

子どもの姿
- 二語文が始まる。語彙(ごい)が増えてくる。
- 名前を呼ばれたら、「はい」と返事ができる。
- 指さし行動が見られる。
- 自分の物と他人の物の区別ができる。
- だだこねが強くなり、「いやいや」が多くなる。
- 「自分の！」「自分が！」「自分で！」を主張するようになる。おもちゃの取り合いも出てくる。
- 水性ペンやクレヨンを持ち、腕を大きく動かして紙の上に描くことを意識できる。
- 排尿感覚ができてくる。トイレに行っておまるに座る。排尿できるときがある。
- 着脱に興味をもつ。自分で足を通そうとする。

運動機能
- 歩行が盛んになり、探索行動範囲が広がってくる。
- 積み木を並べる、崩す、積み重ねるを繰り返して遊ぶ。
- シールをはがしたり貼ったりして、指先に意識を集中させて遊ぶ。

見るべきポイント
- なにに興味があって、なにをしたいのかを探り、おもちゃや環境を提供していく。
- 一人ひとりの意思や興味に寄り添い、言葉を添えていく。
- 崩す、倒す、落とす、破く、並べる、重ねる、貼る、はがす、よじ登る、滑るなど、全身の動きや指先の動き、バランスをチェックし、苦手な動きを促すような環境を整える。

- 大人や友達のまねをする。1歳児クラスのお兄さん、お姉さんのやっていることに興味をもち、まねしようとする。
- 一人歩きであちこち探索する。部屋や柵から出たがる。
- たくさん歩けるようになると、小走りし始める。よちよち、とことこ歩きから、小走りへ。
- 行って戻ってくるUターンができるようになる。
- 数メートル離れた所から、「ここまでおいでー」と名前を呼んで、待ち構えると、喜んで保育者の腕のなかに飛び込んでくる。
- トイレに行って排尿できる。寝起きなどに、おまるに座らせると、排尿することがある。「チー出たね」とほめるようにする。

注意

*いろいろな素材や材質の物を用意し、自ら触れて確かめる遊びができるように環境設定するが、行動が活発になるので、危険な物を取り除いておく。

発達バランスチェック表をもとに、一人ひとりの発達のバランスを見る

発達バランスチェック表の使い方

- 個人名を記入して、1人1枚のシートを作成する。

- 各項目の子どもの発達は、おおよその目安を示したもの。できたかどうかを評価するのではなく、発達が項目で偏っていないか、全体のバランスを確認する視点で見る。

- 年間4回チェックし、その回ごとにできている項目を塗っていく。チェックの回ごとに色分けすることで、その子の発達の変化が見えるようになる。

1回目：入園月（または4月下旬）
2回目：7月下旬
3回目：11月下旬
4回目：3月下旬
＊実施日の下に、歯の数を記入する。

- クラスの担任と主任の保育者で確認し合い、一人ひとりに合った発達の援助に活用する。

発達バランスチェック表

名前　〇〇〇〇〇
生年月日　〇〇年〇〇月〇〇日

月齢							
チェック日							
歯							
目安			3か月		4か月		6か月
排泄			便が出ると泣いて知らせる	便が出ると泣いて知らせる	便が出ると泣いて知らせる	便が出ると泣いて知らせる	おむつがぬれると不機嫌な顔をする
食事	抱かれて授乳	哺乳瓶に手を添えるようになる	哺乳瓶に手を添えるようになる	哺乳瓶に手を添えるようになる	離乳食の準備	スプーンでスープや五分がゆが食べられる	おかゆが食べられる 手のひらでつかもうとする
着脱							
運動機能	裸にすると手足をバタバタさせたり伸ばしたりする	寝かせておくと上下に移動する	首を横に曲げ、体をそらそうとする	首がすわる うつ伏せにすると仰向けから横向きに寝返りができる（介助）	背中をそらす 寝返りをする	頭を持ち上げる 仰向けで足をつかむ	腹ばいができ、その姿勢で手足をバタバタと動かそうとする（飛行機体勢）
人との関わり	目の前で手を動かすと目で追う	泣いているときに声をかけると泣きやむ	あやすと笑う	話しかけるような声を出す	話しかけるような声を出す	人見知りをする	泣いて要求する ばいばいする
遊び（感覚機能の発達・探索行動の変化）	手に触れた物をつかむ	動いている物を目で追う 手に触れた物を握る	自分の手を見る 手に触れた物を握る	自分の手をしゃぶる 手に触れた物を握る	身近な物に手を出す	身近な物をしゃぶったり、握ったりする	自分の欲しい物だけに手を出してつかむ（熊手型で）
言語活動	声を発する	声を発する	語りかけに合わせて反応する	声にアーウーなどの調子が出てくる	声にアーウーなどの調子が出てくる	声にアーウーなどの調子が出てくる	くすぐるとキャーキャーと声を出して笑う
保健（衛生の習慣）			沐浴	沐浴	沐浴	沐浴	沐浴
確認印（担任・主任・園長）							

子どもの発達を把握して保育に生かす

子どもの発達を把握でき、子どもの思いや願いが感じとれるように、一人ひとりの姿を発達チェック表で確認しましょう。
排泄(はいせつ)、食事、着脱、運動機能、人との関わり、遊び、言語活動、保健の各項目ごとに、できているものに色を塗っていくと、それぞれの時期の、その子どもの全体のバランスが見えてきます。ゆっくりめの項目には、活動を促すような環境設定を工夫するなどして、明日の保育に生かしましょう。

*この表はあくまでも目安です。子どもによっては発達順が前後する場合もあります。

		11か月		1歳2か月		1歳6か月		1歳10か月	
		20○○.4.28		20○○.7.29		20○○.11.29		20○○.3.22	
		上4、下4		上4、下4		上8、下8		上10、下10	
9〜10か月		11か月		1歳		1歳3か月			2歳
おむつを外すと足をばたつかせて喜ぶ	おむつを外すと喜び、おむつをするのを嫌がる	おむつを外すと喜び、おむつをするのを嫌がる	おむつを外すと喜び、おむつをするのを嫌がる	誘われると嫌がらずにトイレに行く	誘われると嫌がらずにトイレに行く	おまるや便器に座りたがる	おまるや便器に座ることができるようになる	おまるや便器に座らせると排尿できるようになる	おむつからパンツに切り替わる	排尿後、態度や言葉で表す
哺乳瓶を両手で持って飲める	ミルクからフォローアップミルクに替えてもよく飲める	コップから飲ませてもらう	スキムミルク、牛乳が飲める	乳児食へ移行手づかみで食べる	スプーンを使い始める（手づかみと並行して自分で食べる）	スプーンを使い始める（手づかみと並行して自分で食べる）	コップであまりこぼさずに自分で持って飲める	手づかみが少なくなる	スプーンで上手に食べる	フォークで刺して食べられる
				靴下を引っ張って脱ぐ	ズボン、パンツを脱ごうとする	ズボン、パンツを履こうとする靴を履こうとする	靴下を脱げる（指を添えて）	帽子をかぶる	パンツやズボンを脱げる	パンツやズボンを履ける
はいはいする	高ばいをする	自分でお座りができるつかまり立ち、伝い歩きをする	支えなしで少しの間立っていられる	一人立ちで2〜3歩歩ける	一人立ちで2〜4歩歩ける	一人で歩ける	一人で歩ける	小走りができるボールを蹴る	階段を歩いて登る	その場でジャンプできる
泣いて要求するばいばいする	要求を態度で示す	要求を態度で示す	要求を態度で示す	一人で遊べる（保育者が近くにいることが前提）	他人に興味を示す	物の取り合いが始まる	物の取り合いが始まる	手を出したりかみついたりし始める	手を出したりかみついたりし始める	一人遊びに没頭する（遊びに展開がある）
しゃぶって物を確かめる時々持ち替える	音楽に合わせて体をゆすったり、手を打ったりする	音楽に合わせて体をゆすったり、手を打ったりする	音楽に合わせて体をゆすったり、手を打ったりする親指と人さし指でつかむ	穴に物を入れてみる	人のまねが始まる積み木を重ねる	外遊びに興味をもつ（喜んで遊ぶ）	点や線のなぐり描き	点や線のなぐり描き	点や線のなぐり描き	一人で絵本をめくって見る
くすぐるとキャーキャーと声を出して笑う	くすぐるとキャーキャーと声を出して笑う	くすぐるとキャーキャーと声を出して笑う	くすぐるとキャーキャーと声を出して笑う	幼児語の発生（一語文）	一語一語が明確になる	絵本などを見て、知っている物を指さしたり、名前を言ったりする	絵本などを見て、知っている物を指さしたり、名前を言ったりする	絵本などを見て、知っている物を指さしたり、名前を言ったりする	自分の名前が言える	二語文で話す
沐浴	沐浴	沐浴	沐浴	嫌がらずに手を拭いてもらう	一人で手や口の周りを拭こうとする	一人で手や口の周りを拭こうとする	蛇口をひねると、手を洗おうとする	蛇口をひねると、手を洗おうとする	蛇口をひねると、手を洗おうとする	水道で一人で手を洗える

0歳児の遊びと生活のヒント

遊び	乳児期の子どもたちにも、しっかりとした意思があります。 子どもたちの目線の先を察して、子どもたちの興味や発見に言葉を添えて、共感しましょう。		

	低月齢児	高月齢児	準備・用意する物
室内遊び	●一対一の関わりをもって、市販のおもちゃや手作りおもちゃを提供する（発達に合わせて、握る、振る、引っ張るおもちゃを用意する）。	●ボールを転がす、段ボールを押す、段ボールに入るなど、全身を使った遊びをする。 ●割れない鏡を置いて自分を認識したり、立って遊べる壁面、さまざまな素材・感触の違いがある物などで「見て、触れて、確かめて、試す」遊びがたくさんできるようにする。	●口に入る小さな物を置かないよう、点検する。 ●ままごと遊びやリズム遊びなど、1、2歳児クラスといっしょに遊べそうなときは、事前に声をかけ合う。
園庭遊び	●春夏秋冬、だっこやバギーで、外気浴をする。 ●天気のよい日に心地よさをたくさん味わい、幼児クラスが遊んでいる姿を見たり、草花に触れたりして、ゆったりと過ごす。	●「人生の学びは砂遊びに全てある」と言われるように砂遊びには学びがたくさんあるので、砂に触れてたくさん遊ぶ。 ●さらさら、どろどろなど、砂は水の量でさまざまに変化することを体験する。 ●器や道具（シャベルなど）を使うことで、いろいろ試したり確かめたりして遊ぶ。	●帽子と靴を用意する。 ●バギーやおんぶひもを用意する。 ●口や顔が汚れたときにすぐ拭けるよう、タオル・ティッシュを携帯する。 ●はだしで遊ぶときは、個々の着替えやおむつ、足拭きタオルを用意しておく。
散歩	●春や秋など気候のよい時期に、おんぶやバギーで、園の周りや近くの公園に行き、電車やバス、自然物を見る。 ※真夏と真冬の時期は気温差が激しいため、じっとしている低月齢児は体調を崩しやすくなるので注意が必要。	●高月齢児は、一人歩きができるようになると行動範囲が広がる。 ●目的地までは、バギーに乗ったり、たくさん歩ける子は手をつないだりして歩く。 ●他の子と同じことをしたいという好奇心から、他の子の行動をよく見ている。 ●時々、声をかけられるとうれしそうにしている姿も見られる。	●帽子と靴を確認する。 ●4人乗りバギーを事前にきれいに拭く。 ●散歩用ポーチ（救急用品、水、紙コップ、タオル、ビニール袋、おむつなどを入れておく）を準備する。 ●散歩コースを園長や主任に伝える。 ●携帯電話を持って行く（緊急対応）。
造形遊び	●はいはいやお座りができるようになったら、幼児クラスの描画など、ペン遊びや絵の具遊びを見に行く。 ●水性カラーペンの蓋や色に興味をもつので、見て触れる好奇心に寄り添う。 ※ただし、口に入れようとしたときは、直前に止める。	●初めて絵の具に触れるときは、大きいクラスの活動を見に行くようにする。「触れたい」「やってみたい」という意欲が見られたら、そっと筆や紙を渡す。 ●水性カラーペンやクレヨンなどの描画も、1歳以上児の活動に入れてもらうと、興味のある子はやってみようとする。 ●紙の上に描く子、ペンなどの色が手や足につくのに興味を示す子、ついた跡を見ている子、その場で見ているだけだが興味をもっている子など、さまざまな姿が見られる。動きたい、おもちゃなどで遊びたいと、まったく描画に興味のない子もいる。ペンなどの色が手や足につくのを嫌がる子もいる。 ●反応はさまざまなので、無理強いすることなく、何度も繰り返し遊びに行くことで、興味を示すようになるのを待つ。	●事前に1歳以上のクラスの活動を聞いておく。 ●危険でない活動のときは、見に行っても大丈夫か確認する（木工遊びや段ボールカッター、はさみの活動の際は、0歳児には危険なので避ける）。 ●素材遊びの準備をしておく（クレヨン、クレパス、水性カラーペン、絵の具、小麦粉粘土、土粘土、空き箱など）。

| | | 生活 | 保育者との一対一の関わりを軸に、安定した生活ができるよう、配慮します。乳児の生活は、全て大人や友達、幼児クラスのまねから始まります。人は、まねて、学んで育っていきます。生活や遊びのなかで、異年齢児との関わりをできるだけ多く取り入れましょう。 |

片づけ		保育者の援助	大きいクラスの生活を見て学ぶ
●使用後におもちゃの消毒をする（逆性石けん液を薄めてきれいなタオルで一つひとつ拭き、乾かす）。	食事	●保育者もいっしょに昼食をとるようにし、モグモグと口を動かして、「おいしいね」などの言葉を添え、楽しい雰囲気のなかで食べる。 ●食前食後の口拭き、手拭き、エプロンつけも、毎日の繰り返しで身につけていく。 ●椅子とテーブルの高さを確認し、子どもの足が床から浮かないようにする。	●テーブルと椅子で1歳児食が食べられるようになったら、隣の1歳児クラスの子どもたちといっしょに食べる環境にしていく（見てまねて学ぶチャンス）。 ●数人ずつ食べに行ってもよい。 
●おもちゃを所定の場所に片づける。 ●はだしで遊んだあとは、砂や泥をシャワーなどできれいに洗い流す。 ●汚れ物を袋に入れる。 ●使用した足拭きタオルを洗濯する。	排泄	●歩くようになったら、トイレに行って、おまるや便器に座らせてみる。 ●「シーシー出るかな？」と促し、偶然出たときは、便器の外でも「出たね」とほめるようにする。 ●トイレに行くことが楽しくなるくふう（トイレの壁面を楽しくするなど）をする。	●1、2歳児クラスがトイレに行くタイミングをみて、いっしょに行ってみる。 ●1、2歳児クラスが便器に座る姿や、出たあとに水を流すレバーに興味をもつ。お兄さん、お姉さんがすることをまねしたくなる好奇心旺盛な時期は、自然に学べる環境になる。
●所定の場所にバギーを置く。 ●戻ってきたら、園長・主任に散歩の様子やけがの有無などを伝える。 	着脱	●はいはいやつかまり立ちができるようになったら、上下分かれた衣服に替え、保育者の膝の上でズボンの着脱をする。 ●上着は、「ばんざーい」と両手を上に上げて脱がせていくと、「ばんざーい」の声で両手を上に上げ、脱ぎやすくなることを学んでいく。 ●自分のロッカーがわかってくると、自分で引き出しを開けて衣服やおむつを出すようになるので受けとめる。	●園庭に出ると、幼児クラスは靴箱から靴を取って履き、帽子をかぶって遊んでいる。靴を履く・脱ぐ行為や、帽子をかぶる・脱ぐ行為を、幼児クラスの姿を見て、抵抗なくまねしていく。 ●室内に入るときも、自分のマークの所にしまうようになる。 
●複数担任で参加したときは、終わったあとの幼児クラスの片づけなどを少しでも手伝う。 ●その場での手伝いが難しいときは、使用した雑巾やタオルなどの洗濯、容器の片づけなどを、子どもが落ち着いているときに行う。 	健康	●登園時に視診確認をしたり、家庭での様子をこまめに聞いたりする。 ●心も体も安定して良好なことをチェックする。 ●気になることは、周りの保育者とも伝え合う。	●元気なときは、できるだけ幼児クラスと触れ合うようにし、活発に過ごす。

年間目標	〈1歳未満児〉 ●保健的で安全な環境のなかで個人差に留意し、離乳の完了、歩行の開始と言葉の発生を助ける。

	春（4～6月）	夏（7～9月）
ねらい	●一人ひとりの家庭での生活を大事にしながら、保護者との連携を図り、保健的で安全な環境のなかで、1日を通じて、安定した生活の流れを作っていく。 ●話しかける、抱く、あやすなど優しい言葉と笑顔で関わりながら、情緒の安定を図り、信頼関係を築いていく。 ●個人差や体調に十分留意しながら、赤ちゃん体操や外気浴を行い、気持ちよさ、春の暖かさを肌で感じる。	●戸外との温度差や湿度、換気に十分配慮し、衣服の調節や水分補給を行う。 ●一人ひとりの体調や状態を把握し、気温、水温に留意しながら沐浴や水遊びをして、清潔に気持ちよく過ごせるようにする。 ●一人ひとりのさまざまな欲求（食べる、飲む、眠る、遊ぶ）や甘えたい気持ちを十分に満たし、安心して過ごせるようにする。

	産休明け～3か月未満	3か月～6か月未満	6か月～9か月未満
子どもの発達	●睡眠、目覚めを1日に何度も繰り返す。 ●空腹やおむつが汚れることなどに、不快感を感じて泣く。 ●動く物を目で追ったり、音のする方に顔を向けたりする。 ●機嫌のよいときは手足を動かし、あやすと声を出したりほほえんだりする。	●うつ伏せにすると、胸を反らせて手で支える。 ●手でつかんだ物を、なんでも口に入れようとする。 ●あやすと声を出し、顔や手足、全身で喜びを表す。 ●「アーアー」「ウーウー」などの喃語を発する。 ●離乳食が始まり、ドロドロ状の物を食べる。 ●寝返りをし始める。	●腹ばいで近くにあるおもちゃに手を伸ばしたり握ったりする。 ●お座りが安定し、手を伸ばして物をつかんだり持ちかえたりする。 ●舌でつぶせるような固さの物が食べられるようになる。 ●盛んに「マンマンマン」などの反復喃語を言う。 ●人見知りが始まる。 
保育者の配慮	●清潔で安全な環境を整える。 ●眠っているときには目を離さず、子どもの姿勢や寝具の状態に注意する。 ●授乳時は、抱いて子どもの目を見てほほえみかけ、優しく語りかけながら飲ませる。 ●愛情に満ちた接し方を通して情緒の安定を図り、信頼関係を深めていく。	●腹ばいの機会を多くもち、目で追う、手で持つ、なめるなどができるおもちゃを用意しておく。 ●一対一の触れ合いを大切にし、喃語や笑顔を引き出していく。 ●体調や発育状態を見ながら、離乳食を進めていく。 	●安全で活動しやすい環境を整え、寝返りや腹ばいなどの運動を促していく。 ●健康状態を見ながら離乳食を進め、食べることへの意欲を育てる。 ●甘えや不安、欲求を受容し、徐々に、言葉と動作を結びつけて話しかけるようにする。
家庭との連携	●家庭での生活状況を知り、同じように対応する。	●離乳食の内容や状況について、園と家庭との連携を密にし、共通して進めていく。 ●足を動かしやすい衣服を用意してもらう。	●歯が生え始めるので、口の中の清潔を心がけてもらう。 ●語りかけや触れ合うことの大切さを知らせる。

〈1歳以上児〉
● 保育者との一対一の触れ合いを通して、歩行の完成と運動の発達・言葉の習得を助け、周囲の事物への興味を養い、友達への関心を育てる。

秋（10～12月）	冬（1～3月）
● 優しく語りかけたり、発声や喃語、指さしに応答したりして、発語への意欲を育てる。 ● 身の回りの物や自然物に興味や関心をもち、いろいろな物に触れて、探索活動を楽しむ。 ● 体調に留意しながら薄着を心がけ、健康な体作りをする。	● 冬の健康管理に留意しながら、外気浴や散歩を無理なく行う。 ● 友達といっしょにいることを喜び、保育者を仲立ちとして触れ合って遊ぶ。 ● 指さしや喃語などで、自分の思いを伝えようとする気持ちに言葉を添えて応じ、自己表現の喜びをふくらませていく。

9か月～1歳0か月未満	1歳0か月～1歳6か月未満	1歳6か月～2歳未満
● 手でつかんで食べる。 ● 親指と人さし指でつまむ。 ● 両手に物を持って叩き合わせる。 ● はいはいから、つかまり立ち、伝い歩きなど、移動運動が活発になる。 ● 自分からいろいろな物に関わり、周りの物に興味や関心をもち始める。	● 両手でコップを持って飲む。 ● 離乳食がほぼ完了する。 ● 1回寝になり、午後の一定時間、睡眠をとる。 ● 一人歩きができる。 ● 友達が遊んでいる様子に興味を示す。 ● 手遊びや模倣遊びをするなかで言葉を覚え、「ワンワン」「ブーブ」など意味のある単語を言う。 ● 誘われるとおまるや便器に座る。	● スプーンやフォークに慣れ、最後まで自分で食べようとする。 ● 友達への興味が増し、同じ遊びをするなかで、物を取り合う姿が見られる。 ● 要求を言葉や動作で伝えようとする。 ● 排泄したとき、表情や動作で知らせる。 ● 運動機能（歩く、押す、上る、下りる）が発達する。 ● 積み木などを積む。 ● 意欲的に着脱をしようとする。

● 自分で食べようとする意欲を大切にし、かむこと、飲み込むことを伝えながら一人ひとりに合った援助を行っていく。 ● 探索活動が十分楽しめるよう、安全な環境を整える。 ● いろいろな物を見たり、触れたりする機会を多くもち、興味や関心を広げて、豊かな感性を育む。	● 一人歩きが盛んになるので、転倒などに十分注意しながら、探索意欲が満たされるようにする。 ● 身近な自然や生き物に親しめるようにする。 ● 保育者が仲立ちとなり、友達との関わり方を伝えていく。 ● 排尿間隔を把握し、無理なくトイレへ誘う。	● 楽しい雰囲気のなかで食事ができるようにする。 ● 保育者が仲立ちとなり、友達との関わり方を伝えていく。 ● 自我が芽生える時期なので、要求や甘えを十分にくみ取って適切な援助をしながら、気持ちの安定を図る。

● 甘えたい気持ちが満たされるよう、触れ合い遊びを紹介する。 ● 2回食から3回食への移行の準備を、話し合って進めていく。	● 1日の生活リズムの大切さを伝え、園でも家庭でも安定して過ごせるように、食事や睡眠時間などの連携をとる。	● 発達段階における自我の芽生えについて話し、ゆったりとした気持ちで関わることの大切さを伝える。

食育 年間計画

年間目標 １歳未満児
- 保育者との信頼関係を築き、ミルクや離乳食を喜んで飲んだり食べたりする。
- 家庭との連携を密に行い、ミルクから離乳食への移行を進めていく。
- 食べ物のアレルギーがあるか小児科で検査してもらい、家庭と相談して進めていく。

	発達の目安・家庭との連携	離乳食	園での進め方
6か月未満	●母乳から粉ミルクへ切り替える。 ●入園前に、園で使用している粉ミルクの試供品で味に慣れてもらう。 ●授乳間隔、ミルク量を把握する。	授乳期	●飲み具合や便の変化を確認する。 ●授乳後の排気（げっぷ）を確認する。 ●月齢に合わせて、授乳間隔、量、乳首サイズの変化を把握し、対応していく。
6か月	●1回食を始めてみる。 ●家庭での1回食が始まるので、食べたことがある物をチェック用紙に記入してもらう。	初期 1回食	●野菜スープやみそ汁の上澄み1さじから始める。 ●嚥下（えんげ）の具合を確認する。 ●便の状態を確認する。
7か月	●1日2回食になった時点で、園で離乳食開始となる（上唇・下唇の動かし方を観察する）。 ●家庭でよく食べている食材について聞く。 ●乳歯が生え始める。	初期 2回食	●野菜スープ、10倍がゆ、野菜マッシュから進めていく。 ●家庭で食べている食材を基本とし、嚥下がスムーズか確認する。 ●「もぐもぐごっくん」ができているか確認する。
8か月	●スプーンに慣れ始め、離乳食を欲しがるようになる（舌でつぶせる柔らかさ）。 ●家庭でのミルクの量を確認する。	中期 2回食	●7倍がゆ。 ●離乳食を食べる量に合わせて、ミルクを減らしていく（160～120mL）。
9か月	●食べられる食材が増えてくる。 ●家庭では大人の味の物や、まだ早すぎる食材を与えている場合もあるので、園の調理を知ってもらう機会を作る。 ●フォローアップミルクに切り替えていく。	中期 3回食	●園の離乳食は薄味なので、いやがって食べない子も出てくる。栄養士と相談して保護者に伝える。 ●フォローアップミルクに切り替え、離乳食を補うミルクとして進めていく。
10か月	●1日3回食になる。 ●朝食を食べる習慣をつけてもらう。 ●両手で持つマグでミルクを飲む。 ●離乳食は歯ぐきで押しつぶせる硬さ（1cm角）にする。	後期 3回食	●5倍がゆ。 ●舌やあごを動かして、歯ぐきで咀嚼（そしゃく）が十分に行えているかを見極める。 ●保育者がカミカミと口を動かしてみせ、模倣を促していく。 ●丸呑みしていないか、確認する。
11か月	●少しずつコップから水分を飲めるようにしていく。 ●手で持って食べられる食材は持たせてみるよう、家庭にも声をかける。 ●前歯の生え具合を確認する（2～4本前後）。	後期 3回食	●軟飯へ移行していく。 ●コップやお椀で直接飲めるよう介助していく。 ●自分で食べる意欲を大事にし、手づかみで口に入れて食べる様子を見守って介助する。 ●咀嚼能力を獲得できるようにする。

年間目標	1歳以上児	●保育者や友達といっしょに、楽しい雰囲気のなかで食べる。 ●食事が栄養の中心となり、自分で食べる意欲を育てる。 　（手づかみ、指つまみ食べや、スプーン食べ） ●よくかんで食べるよう促す（咀嚼運動、一口の量がわかる）。 ※食物アレルギーのある子どもには、間違いを防ぐため、器の模様を別の物に替えて提供する。

	発達の目安・家庭との連携	園での進め方
1歳 0か月	●1歳児食へと切り替えていく。 ●一口量の調節を覚える。 ●コップやお椀から飲めるようにする。 ●家庭で食べていない食材についても聞く。	●自分で食べたい意欲を大切にし、手づかみ食べを認めていく。 ●口から出す食材を把握し、調理方法の工夫などにつなげる。 ●食後のミルクは徐々に減らしていく。
1歳 1か月	●前歯が4〜8本生えそろってくる。 ●手づかみや指先でつまんで食べる。	●手づかみ食べに並行して、スプーンから食べる介助も続ける。 ●スプーンを持ちたがるときは、渡して口に運ぶ様子を見守る。 ●椅子の高さを確認し、足が床につくようにする。
1歳 2か月	●コップやお椀を両手で持って飲めるようになる。 ●多少こぼすことがある。	●こぼしながらでも、自分でスプーンなどを使おうとする気持ちを受け止める。 ●コップの中身は、飲みやすいように量を調節する。
1歳 4か月	●家庭では好きな物しか与えないことがあるので、調理の工夫を試みてもらう。 ●家庭では大人に近い味つけになってくるが、2分の1の薄味を勧めていく。	●園でのミルクがなくなり、牛乳に切り替えていく。 ●給食の歌やおやつの歌をまねするようになるので、手遊びも入れながら取り入れていく。 ●食前食後、タオルで自分の手を拭くように促す。
1歳 6か月	●自分で椅子に座る。 ●自分のタオルがわかる。 ●食材の好き嫌いが出てくる。 ●スプーンやフォークを使いたがる。 ●第一乳臼歯（奥歯）が生え始める。	●「いただきます」「ごちそうさま」の挨拶のとき、手を合わせてお辞儀ができるようにしていく。 ●スプーンで上手に食べられるようになったら、フォークも使用していく。 ●食材も増えるが、奥歯でのかみ合わせは不安定なので、固すぎるものや食べにくい形状のものは避ける。
1歳 8か月	●きれいに食べ終わると、「ピカピカ」と言う。 ●食事のペース（早い、遅い、よくかむ、飲み込んでいるなど）が個々で見えてくるので、家での様子を聞き、それぞれに合った声かけを家庭とともにしていく。	●食べ物や食材の名前に興味をもってくるので、名前を言うなど言葉を添えながらいっしょに食べる。
1歳 11か月	●好き嫌いが出て、寝たふりをしたり、食材を落としたりと知恵がついてくるので、大人が「○○おいしいよ」と、いっしょにおいしそうに食べることを家庭にも知らせる。 ●よくかんで楽しく食べる雰囲気作りをしていることを伝えていく。	●生活リズムを整え、午前中は外でたくさん遊び、おなかのすくリズムを作っていく。 ●自分で食べる意欲を大事にする。 ●保育者や友達といっしょに食べるのが楽しいという気持ちをもてるようにしていく。

保健年間計画

保健行事	●健康診断（6月、9月、11月、2月）…嘱託医との連携を図る。 ●歯科検診（6月）…乳歯の生え方、口腔内、舌の動かし方、かみ合わせなどを診てもらう。 ●ぎょう虫検査（5月）…水遊びの前に、陰性か陽性かの確認を行う。 ●身長・体重測定（毎月）…身長と体重の増減をチェックする。	
年間の配慮	●おもちゃ、畳、床、トイレ、おまる、テーブル、椅子などの衛生管理を徹底して、毎日行う。 ●室温調整（採光、通風、温度、湿度、換気、冷暖房の調節）をチェックする。 ●保健センターで行う健康診断を受けなかった子どもの保護者に、後日受けるよう声をかける（保健センターとの連携を図り、園での様子を伝える）。	

	保健目標	配慮	流行しそうな病気
春	●家庭との連絡を密にし、一人ひとりの体の状態を把握する。	●一人ひとりの性質（汗をかきやすい、よだれがたくさん出る、皮膚が弱い、気管支が弱い、鼻水が出やすいなど）を把握し、対応する。 ●梅雨どきは除湿し、湿度60％くらいになるよう心がける。	●インフルエンザ ●胃腸炎（おう吐・下痢） ●かぜ（鼻水・せき・熱）
夏	●夏の暑さに対応し、室温調整など快適な環境作りをする。 ●毎日沐浴したり、シャワーを浴びたりして、衣服を着替え清潔にする。 ●はだしで園庭に出る（土、砂、水、泥の感触を味わう）。	●戸外と室内の温度差に注意する。 ●室温が28℃以上にならないように設定する。 ●沐浴や衣服の着替え、清拭をし、心地よく過ごせるようにする。 ●水分補給をする。 ●夏ならではの、はだしの体験をさせる（ただし、嫌がる子は様子を見守る）。足の裏に刺激を受けるチャンスとなる。	●アデノウイルス（プール熱） ●発疹・とびひ ●ヘルパンギーナ ●夏かぜ（鼻水・せき・熱） ●流行性結膜炎 ●手足口病
秋	●薄着の習慣をつける。 ●動きやすい衣服にする。	●朝夕と日中で気温の差が大きく、厚着になりやすいが、日中は薄着にする。	●気管支喘息 ●かぜ
冬	●室内で過ごすことが多くなりがちだが、日中は外の空気や日光の暖かさを味わう。	●戸外と室内の温度差に注意する。 ●室温が15℃以下にならないよう設定する。	●気管支炎 ●RSウイルス ●インフルエンザ
歩き始めたら	●季節を問わず、天気のよい日は園庭で過ごす。 ●帽子をかぶることを習慣づける。 ●外では衣服の調節を保育者が行う（1枚脱いだり、1枚着せたりする）。 ●冬の時期は、ジャンパーを用意してもらう。 ●外遊び後や食事前には水道で手を洗い、清潔にする。	●足のサイズに合った歩きやすい靴選びを伝える。 ●帽子のゴムを調節する。 ●ジャンパーはフードなし、ひもなしで、薄手の物を用意してもらう。 ●「きれいにしようね」等の言葉かけをしながら、手を洗う習慣を身につけていく。	●免疫力が落ちるため、流行性の病気はうつる可能性が増える。

防災・安全 年間計画

防災のチェックポイント	●保育者は、災害に備えて上履きを室内に用意しておく（避難誘導のため）。 ●災害の種類・発生場面・発生場所により、避難誘導が異なるので、職員の共通理解を図る。 ●人数把握は正確に随時確認しておく。 ●防災訓練の避難誘導・人数確認・報告後は、子どもの心の安定を図る。

防災訓練	場面	内容	災害に備えて準備しておくこと
4月	地震	●落下物、倒壊物に注意しながら、園庭に避難する（上履き、防災頭巾、引渡しカードを準備）。	●保育者の人数分、おんぶひも、またはさらしを用意する。 ●棚が倒れないよう固定しておく。
7月	火災	●火元から素早く離れ、煙に注意しながら園庭に避難する。 ●おんぶ、だっこで外に避難する。	●声をかけ合い、保育者同士で連携して、避難通路を確保する。
9月	不審者	●園外に不審者発見の際は、すぐに門戸の鍵を閉める。 ●周りの保育者に伝え、110番通報をする。 ●室内進入者の際は、子どもを守りながら逃げる。	●保育者が盾になって子どもを守ることを最優先する。 ●日ごろから、保育者同士で連携プレーができるよう、シミュレーションしておく。
12月	風災	●窓のそばからできるだけ離れる。 ●ガラスの破片や飛んでくる物に注意する。 ●窓のない部屋に避難する。	●壁側に座らせ、布団や毛布で子どもを守る。

※上記のテーマを基本に、毎月避難訓練を行う。

安全のチェックポイント	●子どもの発達を見通して、事故防止を図る（ヒヤリハット一覧の作成から、未然に防げるものは対処する）。 ●建物や園庭遊具の安全点検チェックを月1回行い、職員会議などで共通理解を深めておく。 ●危険と思われる気づきは、すぐ園長などに報告して対応する。

シーン	想定されること	配慮
保育室で	●誤飲、窒息。 ●段差からの転倒、落下。 ●ドアに手指を挟む。	●口に入る大きさの素材やおもちゃは、保育室に置かない。 ●授乳後は、排気（げっぷ）の確認をする。 ●午睡中は、5分おきにブレスチェック（呼吸の確認）をする。 ●予想される動きを把握し、ドアに指挟み防止カバーなどをつける。
園庭で	●転倒（つまずいて転ぶ、ぶつかって転ぶ、滑って転ぶ、水たまりで転ぶ）。 ●ぶつかる（人、自然物、遊具、おもちゃなど）。 ●遊具によるやけど。 ●遊具に手や体を挟む。	●でこぼこした地面、花壇、砂場などの段差に近づいたときは目を配る。 ●水たまりでひっくり返らないよう、気を配る。 ●真夏は固定遊具（すべり台、つり橋など）が熱くなるので、必ず保育者が手で触れて確認する。 ●すべり台の階段の間やつり橋のすき間に挟まらないよう、見守る。
散歩で	●公園内の物（木の実や草花）を拾って、口に入れる（誤飲、窒息）。 ●転倒（段差につまずく、転ぶ）。 ●不審者。	●楽しさを共感しながらも、目を離さないようにする。 ●事前に段差などをチェックしておく。 ●怪しい人がいないか、周囲に目を配る。

39

月案	p42
週案・日誌	p52
保育の展開	p54

子どもの姿と保育のポイント

慣らし保育から
スムーズな入園へつなげる

　保育をするうえで、入園前の家庭での過ごし方を知っておくことは、保護者と子どもの安心感につながります。

　入園前の慣らし保育期間中に、子どもの様子を聞きながら、親の思いを受けとめましょう。

　その子の生活リズムのほか、抱き方、寝かせ方、今どんなことができ、なにが好きかなどもていねいに聞き、子どもに対しての思いや現状を受けとめ、スムーズに入園できるようにします。

子どもの泣き声に寄り添う

　泣くことは生まれて最初の自己主張です。とにかく、泣いて要求する時期です。４月は子どもの泣き声に応える努力をしてください。寄り添う気持ちで接するうちに、次第に子どもの表情や泣き声から、どうして泣いているのかわかるようになります。

〈泣きの理由〉

①不快感で泣く

　おなかがすいた・おむつがぬれている・眠い・暑い・寒い・服が不快・布団が不快　など

②不安感で泣く

　お母さんがいない・家庭と違う・場所が違う・環境が違う・保育者の顔に慣れない　など

③甘え泣き

　だっこしてもらいたい・甘えたい・遊んでもらいたい　など

④原因不明の泣き

　たそがれ泣き（夕方にぐずる）・夜泣き（睡眠中何度も泣く）　など

4月の保育ピックアップ
新要領・新指針の視点で

手指の発達の過程を把握し、その子に合ったおもちゃや遊びを提供する

手指の発達が目覚ましい0歳児。
それぞれの段階で機を捉えて、発達を促す援助を行う。

● げんこつ期（0〜2か月頃）●

子どもの姿
両手をグーにして、握りしめている。

保育者の関わり
子どもの指を開き、保育者の両人さし指を握らせて、力具合を確かめる。その力具合によって、おもちゃを持たせる。

● 握りしめ期（3〜6か月頃）●

子どもの姿
身近な物を握ろうとして手を伸ばす。離すのはまだうまくいかない。

保育者の関わり
ガラガラやマラカス、ガーゼハンカチなどを持たせ、握る、眺める、口に運ぶ、振るなどの遊びを、声かけをしながら見守る。

● 手さし・指さし期（7〜9か月頃）●

子どもの姿
親指を使って物をつかめるようになる。興味のある物に手をさし伸べる"手さし"が現れ、人さし指を立てる"指さし"で意図を示すようになる。

保育者の関わり
視野が広がり、戸外に興味をもつ頃。動いている物（園で飼っている小動物）や咲いている花など、目にした物を知りたがって指さしをする姿に対応する。

● つまみ期（1歳前後）●

子どもの姿
親指と人さし指が自由に動かせるようになり、小さい物がつまめるようになる。シールやマジックテープのおもちゃをはがしたり、絵本をめくったり、広告紙をくちゃくちゃにしたりして遊ぶことができる。

保育者の関わり
水性カラーペンの蓋をつまんだり取ったりするようになり、水性カラーペンを持って、紙の上にトントンと打ちつけてみるのを見守る。

● 両手期（1歳以降）●

子どもの姿
両手を使って手首をひねり、容器などの蓋を開ける。好奇心旺盛で、なんにでも興味を示し、行きたい所に移動して触れてみる。

保育者の関わり
保育者といっしょにボールを転がしたり、重ねた積み木やカップを崩したりする。砂、水、水性カラーペン、空き容器などを準備しておくようにする。

4月 月案

今月の保育のねらい
- 家庭的なあたたかい雰囲気のなかで、心地よく過ごす。
- 食事やおむつ交換は、個々のリズムを把握して行う。
- 子どもの欲求を声や表情で察知し、スキンシップを図る。

	子どもの姿	ねらい	内容と配慮・環境 養護	内容と配慮・環境 教育
Aちゃん（0歳3か月）	●おなかがすいたり、排泄をしたりすると、すぐに泣いて知らせる。 ●あおむけになると、手足を持ち上げて動かす。 ●動いている物を目で追ったり、自分の手を見たりする。 ●縦抱きが好きで、横に抱くと嫌がる。 ●まだ首がすわっていない。 ●哺乳瓶でミルクをたくさん飲んでいる。	◇おむつ交換する気持ちよさと着脱の心地よさを感じられるようにする。 ◇ゆっくり優しく語りかけながら、スキンシップやマッサージで体に触れたり、手足を動かしたりする。 ◇保育者の声や顔を覚え、安心感をもつ。 ◆泣いたり、声を発したりすることで、周りの大人が反応を示してくれることに気づく。 ◆保育者の顔や、動いている物を見て、周囲を知っていく。	◇ミルクの飲み具合や皮膚、便の状態、機嫌、熱などの視診をしっかりと行う。 ◇早めに気づいておむつ交換をすることで、気持ちよさや安心感を感じられるようにする。 ◇おむつ交換時には優しく肌をさすってスキンシップを図り、手足の動きをよく観察する。 ◇首周りやゴム部分は肌に擦れがちなので、広げてスムーズに通していく。 ◇授乳後に、口の周りを拭く。 ◇皮膚が弱く、赤くなりやすいので、よだれや汗で汚れたときはこまめに着替えをして、清潔を心がける。	◆「あーうー」の声や泣き声によく応えるようにし、口の動きや表情を見ていく。 ◆子どもから見える範囲で物（ガラガラ、モビールなど）を動かして見せ、動く物に興味をもって楽しめるようにする。 ◆ベッドの中だけでなく畳の上に移動して、動きやすい環境を作る。 ◆こまめにコミュニケーションを図り、だっこでいろいろな場所へ行ってみる。
Bちゃん（0歳10か月）	●おむつを外すと気持ちよさそうにする。 ●自分で座ったり、つかまり立ちや伝い歩きをしたりする。 ●すぐには新しい環境に慣れず、泣いている時間が多い。 ●歌を聴くと泣きやむことがある（音、音楽に興味をもっている）。 ●家庭では母乳と離乳食で過ごしている。	◇スキンシップやマッサージを通して、体のチェックをしながら気持ちよさを味わうようにする。 ◇スキンシップを図りながら、楽しい雰囲気で着脱をする。 ◇つかまり立ちが安定してきたら、つかまり立ちでおむつ交換をして、着脱時に自分で足を動かすことを覚えていけるようにする。 ◇要求を態度で示す（泣く、声を出す、首を振るなど）のを受けとめ、応えていく。 ◆音楽に合わせて体を揺すったり、手を打ったりする。 ◆保育者や園の環境に慣れる。	◇早めに気づいておむつ交換をすることで、気持ちよさや安心感を感じられるようにする。 ◇皮膚、便の状態、機嫌などの視診をしっかりと行う。 ◇授乳後、離乳食後に口の周りを拭き、清潔を保つ。 ◇汗をたくさんかくときには、こまめに汗を拭いて着替えをする。 ◇薄着で過ごすことを心がけ、水分補給を行う。 ◇優しい声かけで安心させ、要求に応えていくことで、信頼関係を築いていく。	◆スキンシップを図りながらいっしょに声を出し、声のやりとりを楽しみながら発声を促していく。 ◆優しい声の歌や音楽を聴きながら、優しい音の出る持ちやすいおもちゃを振って楽しむ。 ◆つかまり立ちしやすい柵に手作りのおもちゃをぶら下げるなどして、少し離れた所への興味をもたせ、伝い歩きを促す。

行事予定

- 進級の集い
- 身体測定
- 春の親子バス遠足
- 子どもの集い
- 避難訓練

※子どもの集い…こどもの日に向けて、幼児クラスが大きなこいのぼりを作り、全クラスにお披露目して園庭に揚げる会。

◇…養護面のねらいや活動内容　◆…教育面のねらいや活動内容

保育資料

【戸外遊び】
外気浴や日光浴で気分転換をしながら、気持ちよく過ごす。
園庭の草花や幼児の姿を見に行く。

【室内遊び】
スキンシップ（いないいないばぁ、いっぽんばし）。
月齢に合ったおもちゃや興味をもったおもちゃで遊ぶ。

【表現・造形遊び】
くすぐり遊びをたくさんして、笑い合う。
幼児クラスの活動を見に行く。

【絵本】
・いないいないばあ　・でてこいでてこい
・おべんとうバス
・とんとんとんとん ひげじいさん

【うた】
・チューリップ　・あおむしのうた
・ぞうさん　・おんまはみんな
・ゆりかごのうた　などの語りかけ歌

食育

- 静かでゆっくり落ち着いた雰囲気での授乳を心がける。
- 体重の増減に関わらず、この時期は欲しがるだけ飲ませる。
- 姿勢に気をつけて、げっぷをさせる。
- 視線を合わせて、「おいしいね」「いっぱい飲んでね」などの声かけをする。

- 家庭では母乳を飲んでいるので、園でのフォローアップミルクの味に少しずつ慣らしていく。
- 楽しい雰囲気のなかで、離乳食を食べる。
- 自分で食べたいという意欲を大事にし、手づかみで食べる様子を見守る。
- 保育者も子どもの前でいっしょに食べることを心がける（介助しながらいっしょに食べる）。

家庭との連携

- 生活ノートの記入（1歳まで使用）で家庭での生活リズムを知り、園での生活リズムを伝えていく。
- 保護者との信頼関係を築くため、送迎時などに園での様子を一言でも伝える。「Aちゃん、こんなことができるようになりました」「○○に興味をもって遊びました」など。
- 肌が弱いので、着脱時に擦れないよう配慮していることと、家庭でも気をつけてもらいたいことを伝える。

- 生活ノートにその日の成長の様子などを記入し、日々の成長を保護者といっしょに感じていく。
- 季節の変わり目で気温差が出てくるので、薄着で過ごすことの意味を伝えていく。
- 子どもが笑顔で過ごしている様子をていねいに伝え、保護者が安心して子どもを預けられるようにしていく。

職員間の連携

- 保護者と情報を交換し合い、子どもの様子について共通理解をもつ。
- 子どもにとって安心できる存在になれるよう意識し、近い月齢ごとに担当保育者を決めるなどして協力し合う。

自己評価の視点

Aちゃん（0歳3か月）

- 子どもが泣いて欲求する態度に、笑顔で優しく接することができたか。
- 発達の観察ができたか（首のすわり具合、目の追い方、手足の動かし方、手の握り方）。

Bちゃん（0歳10か月）

- スキンシップやマッサージを取り入れ、子どもに心地よさが見られたか。
- 安全で楽しい雰囲気の室内環境作りができたか（興味をもつ手作りおもちゃが作れたか）。

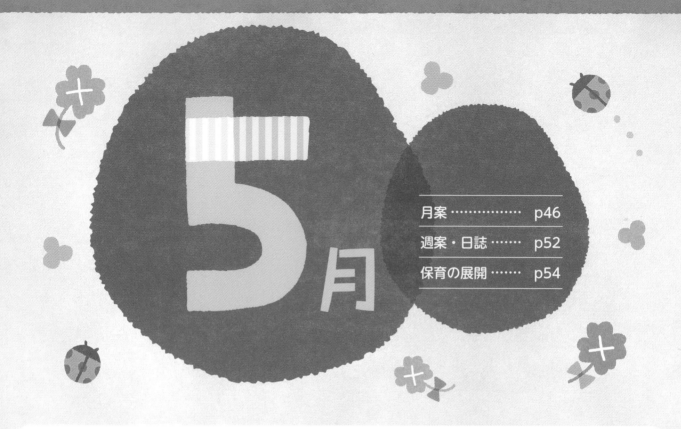

5月

月案 ……………… p46
週案・日誌 ……… p52
保育の展開 ……… p54

子どもの姿と保育のポイント

連絡を密にして保護者との信頼関係を

連休明けで、保護者から離れる際に泣くこともありますが、それも離れる一瞬だけで、少したつと泣きやみます。そのことを保護者に伝え、理解してもらったうえで受け入れましょう。連休中の過ごし方を聞いて、保護者の気持ちを受けとめることも大切です。信頼関係の第一歩は、連絡を密にすることです。入園から1か月がたったところで振り返ってみましょう。

保護者と直接顔を合わせられるのは、朝の受け入れ時とお迎え時です。「今日は引っ張るおもちゃに興味をもって、ひもを引っ張ってはまた反対を引っ張りと、不思議そうに繰り返していましたよ」など一言でもその日の様子を伝え、家庭での様子を聞きましょう。

時間外利用の保護者とはなかなか話をする時間がないと思いますが、連絡ノートなどで、子どもの姿を伝え合いましょう。また時間外の保育者も、保護者に子どもの様子を伝えられる関係になると、"園のみんなで子どもを見ている"ことが伝わります。

外の空気にたくさん触れる

ぽかぽかと暖かい日や、日ざしが強く暑い日が増えてきます。子どもは外が大好きです。広い世界に興味津々なので、だっこやベビーカー、4人乗りバギーに乗せて、園庭や園外への散歩に出かけましょう。高月齢の一人歩きができる子は、どんどん園庭に出ましょう。

園庭で遊んでいるお兄ちゃんやお姉ちゃんたちの姿を見に行き、お互いの顔を覚えたり、声をかけ合ったりして、さまざまな刺激を受けるチャンスです。

また、園の周辺へ散歩に行き、街並みの様子（商店街、駅、電車、バス、消防署など）を見るなど、幼児クラスといっしょに園外で過ごすひとときも大事にしたいものです。

5月の保育ピックアップ
新要領・新指針の視点で

5月

全身の発達の過程を把握し、その子に合ったおもちゃを提供する

入園から1か月のうちに日々成長していく子どもたち。
子どもの姿をよく観察し、手作りおもちゃを作るなどして発達を促す援助を行う。

首のすわり

<おもちゃ>
音の出るおもちゃ（きれいな音・小さい音）
＊マラカス、オルゴール、手回しオルゴールなど

寝返り

ずりばい

お座り

入れる、出す、引っ張る、崩す、転がるなどの動きができるもの
＊空き箱・空き容器で作ったおもちゃ、ボールなど

はいはい

つかまり立ち

両手で支えて安定するもの
＊牛乳パックや段ボールで作ったテーブル、椅子、押し車など

伝い歩き

一人歩き

小走り

・市販のおもちゃだけでなく、身近な素材を使って、発達に合った手作りおもちゃを作る。
・子どもがどのように遊ぶのか、どこに興味をもったのか、観察する目をもつ。観察することで、子どもが今興味ある物をいくつも作ることができる。
・保育者も作る喜びとおもしろさを味わいながら作る。

<手作りおもちゃの材料>
・廃材（段ボール、牛乳パック、ペットボトル、空き箱、空き容器など）
・生活用品（ざる、ボウル、洗濯ばさみなど）

※発達段階は個人によって違うので、順番が逆になったり、はいはいしないで伝い歩きをしたりする子などもいる。

5月 月案

今月の保育のねらい

- 子どもとの信頼関係を築く。
- 寝起きや授乳前におむつを確認して、心地よく過ごせるようにする。
- 一人ひとりの運動面（寝返り→はいはい→一人立ち→歩く）を促す。

	子どもの姿	ねらい	内容と配慮・環境	
			養護	教育
Aちゃん（0歳4か月）	●おむつが汚れると、すぐに泣く。 ●首がすわる。 ●背筋もしっかりとしてきて、体を反らせたりする。 ●身近な物に手を伸ばし、握ったりしゃぶったりする。 ●「あーうー」といった声の調子が出て、盛んにおしゃべりをする。 ●周りに興味を示し、他の子どもたちが遊んでいる様子もよく見ている。 ●他の子や保育者の声を覚え、あやされると喜ぶ。	◇おむつを交換したあとの気持ちよさを感じられるようにする。 ◇のびのびとした手足の動きに合わせて着脱する。 ◇部屋の気温、湿度に気をつけて、衣服を調節していく。 ◆「あーうー」と盛んにおしゃべりをし、相づちを打ってもらうことで話す楽しさを感じる。 ◆音の出るおもちゃや握るおもちゃで、興味や発達を促す。	◇ミルクの飲み具合や皮膚、便の状態、機嫌、熱などの視診をしっかりと行う。 ◇排尿、排便で態度が違うのでよく観察し、早めにおむつ交換をする。 ◇優しく話しかけながら、子どもの手足の動きに無理のないように着脱する。 ◇急な暑さの日もあるので、汗をかいたら沐浴をする。 ◇肌の弱さに配慮し、体や顔を拭くときには優しくていねいに行う。 ◇おもちゃは毎日消毒をし、常に清潔を保つ。	◆おしゃべりをよく聞いて、優しくはっきりとした口調で相づちを打つ。 ◆きれいな音の出るおもちゃを選び、お気に入りの音を見つける。 ◆体を反らせてお尻や腰を浮かせたり、無理な動きのないように、介助されながら横向きになったりする（寝返りへの促し）。 ◆抱いて目を見ながら話し相手になる時間を多くもち、声を覚えてもらう。
Bちゃん（0歳11か月）	●おむつ交換時に、自分で足を動かそうとする姿が見られる。 ●支えなしで少しの間立っていられる。 ●スキンシップを図ると、笑顔が増えている。 ●「まーまー」「まんまん」と発声している。 ●音の出るおもちゃを好んで振る。 ●便秘がちのことが多い。	◇着脱時に、自分で手足を動かすように促す。 ◇便が出やすいように、マッサージをする。 ◆保育者の語りかけを聞いて、言葉の音と意味を知っていく。 ◆はいはいやつかまり立ちでたくさん体を動かす（トンネルくぐり、段差のある所や柵につかまるなど）。 ◆園外へ散歩に行き、自然に触れる。 ◆水性カラーペンに触れてみる。	◇動作に合わせて「足上げてね」などと話しかけながら、子どものペースに合わせて着脱する。 ◇おなかのマッサージをしたり、股関節をゆっくり開いて柔らかく動かしたりする。 ◇汗疹ができやすいので、こまめに着替えさせたり体を拭いたりする。 ◇楽しい雰囲気で水道の水に触れ、手を洗って気持ちよいと感じられるようにする（流水に慣れる）。	◆ていねいな言葉で話しかけ、正しい発音を聞かせるようにする。 ◆危険のない高さの段差を用意して、上り下りを楽しむ（牛乳パックを使った手作り階段など）。 ◆つかまり立ちから、保育者の呼びかけに応えて手を離し、立ってみようとする（転んだときに危険のないようにする）。 ◆口に入れても安全な水性カラーペンを用意し、顔や手を拭くタオルを準備しておく。

行事予定

- 身体測定
- ぎょう虫検査
- 啐啄（そったく）の集い
- 避難訓練

※啐啄の集い…月1回、誕生会のような形で、0～5歳児までの各クラスが「今できるようになったこと」をみんなの前で披露する会。

◇…養護面のねらいや活動内容　◆…教育面のねらいや活動内容

食育	家庭との連携
● ゆったりとした雰囲気のなかで、アイコンタクトをとりながら心地よく授乳できるようにする。 ● 機嫌の悪いときは無理をせず、一度切り替えて気分転換し、再度授乳してみる。 ● 授乳後のげっぷを確認する。	● 体調の変化を細かく観察して伝えていく。 ● 首のすわりの確認や、寝返り準備段階の様子などを聞く。 ● 周囲への興味が出始めた時期なので、親子のコミュニケーションの大切さを伝える。 ● 着替えは、余裕をもった枚数を用意してもらうよう伝える。 ● 気候の変化により、衣服の調節をしていることを伝える。

● フォローアップミルク（1日1回150mL）で栄養を補いながら、離乳食を進める。 ● 手づかみで自分で食べることを大事にし、様子を見ながら介助する。 ● 食べ物の感触を五感で感じていく。 ● 「おいしいね」などの声かけをしながら、保育者も子どもといっしょに食べることを基本とする。	● 便秘などで保護者が病院に連れて行ったときには、詳しく様子を聞いて園でも対応していく。 ● 自分で見て、触れ、感じることの大切さを伝え、見守ることの重要さを知らせていく。 ● 1歳児クラスの描画活動に入れてもらい、遊んだことを伝える（手足に多少ペンのインクがついたことも伝える）。 ● 興味をもって遊んでいる物を伝え、共感し合う。

保育資料

【戸外遊び】
だっこやバギーに乗って園庭を散歩し、草花に触れてみる。風を感じる。

【室内遊び】
手作り階段で上り下りをする。
手作りの引っ張るおもちゃで遊ぶ。

【表現・造形遊び】
手遊び（いとまき、げんこつやまのたぬきさん）をする。
水性カラーペンに触れたり、紙の上に描いたりする。

【絵本】
・くっついた　・いいおかお
・なーらんだ　・ピヨピヨだあれ？
手作り絵本（動物・果物・野菜・乗り物）

【うた】
・かえるのうた　・大きなたいこ
・あたまかたひざポン

職員間の連携

● 子どもの生活リズムを把握し、一人ひとりに合った保育ができるように連携をとる。
● 子どもの興味、関心について観察して伝え合い、全ての子どもの様子を知って、共有できるようにする。

自己評価の視点

Aちゃん（0歳4か月）

● 保育者自身が心のゆとりをもって子どもと接しているか。
● 室内環境の整理整頓、清潔に気を配ることができたか。

Bちゃん（0歳11か月）

● 子どもの興味、関心に寄り添った言葉かけができたか。
● 保護者に園での生活の様子を伝えていくなかで、保護者から信頼感を得られるようになったか。

月案 ………… p50
週案・日誌 …… p52
保育の展開 …… p54

子どもの姿と保育のポイント

梅雨の時期は湿度に注意！

　乳児は湿度が高いと不快に感じ、機嫌が悪くなります。また脱水状態にもなるので注意が必要です。換気や扇風機での対応もできますが、湿度が80％以上では、エアコンを利用して湿度を下げた方がジメジメした湿気がとれ、快適に過ごせます。室内を冷やすのではなく、湿気と不快感を取り除くのが目的です。

　また、家庭で用意する食事用エプロンやお手拭きタオルなどは、カビが付着していないか毎日確認し、カビなどに気づいたら交換してもらうなどの対応が必要です。

　子どもは新陳代謝が活発です。たくさん汗をかくので、沐浴（もくよく）や清拭（せいしき）、衣服の着替えをこまめに行いましょう。

　汗腺を育てるために、汗をかくことも大切です。水分補給を忘れずに！

笑顔ときれいな言葉で子どもとのやりとりを楽しむ

　子どもは保育者の表情や声、しぐさをよく見ています。笑顔を絶やさず、口角を上げてほほえみながら、優しく接することを日々心がけてください。

　子どもは身近で大好きな人のまねをし始めます。いつでもどこでも、私たち保育者は子どものお手本になっています。きれいな言葉を使うこと、大きな声を出さないことを心がけましょう。また、まだ言葉が出ない乳児だからこそ、乳児クラスの保育者は言葉を多く発しなければなりません。

　一対一の子どもとのやりとりを大いに楽しみ、子どもの語彙（ごい）を増やすチャンスとしても、意識して関わりをもつようにしましょう。

6月の保育ピックアップ
新要領・新指針の視点で

子どもの発達に合わせて、遊具や用具の設定を工夫する

成長めまぐるしいこの時期。
子どもの成長とともに、遊具や用具など室内の環境を変えていく。

＜安定した食事環境を整える＞

・テーブルと椅子の高さが合っているか
足先が床から浮いていたら、椅子とテーブルの高さを変える。小さいサイズがない場合は、足と床の間に牛乳パックなどで足置き台を作っておく。

＜成長に合わせたコーナー設定＞

4通りのコーナースペースがあると、安全が確保される。
そのなかで、それぞれの発達段階に合ったおもちゃを提供する。

① ねんねの子ども用コーナー（ベッド）
落ち着いて眠れるように、遊ぶスペースとベッドをパーティションで区切る。

② 寝返りや腹ばいの子ども用コーナー
寝返りができるようになったら、ベッドから下ろし、畳やマットの上などで過ごす。

③ はいはい、つかまり立ち、伝い歩きの子ども用コーナー
つかまりやすい棚でコーナーを作り、棚の所で立って遊べるおもちゃを作る。また、段差や斜面も用意する。

④ 歩き始めた子ども用コーナー
広めのスペースにし、手作り階段や巧技台などを上り下りしたり、ボールを追いかけたりできるようにする。

6月 月案

今月の保育のねらい
- 汗の状態を見てこまめに衣服の調節をし、快適に過ごす。
- 梅雨時の室内遊びを工夫し、晴天時は戸外に出て遊ぶ。
- 子どもの発達をチェックし、個々の状態に合わせて発達を促す。

	子どもの姿	ねらい	内容と配慮・環境（養護）	内容と配慮・環境（教育）
Aちゃん（0歳5か月）	●家庭で離乳食を始める。 ●背中を反らせたり、時々寝返りを打ったりする。 ●あやされるとよく笑い、「あーうーおー」と声を出す。 ●いないいないばぁなど、単純な遊びを繰り返すことを喜ぶ。 ●周囲の子どもに興味をもち、よく見ている。	◇スキンシップを図りながら、手足の動きに合わせて着脱する。 ◇汗をかいたら、体を拭いたり沐浴をしたりして清潔にする。 ◆「あーうー」と盛んにおしゃべりをし、唇をたくさん動かす。 ◆ハンカチを使って、いないいないばぁを楽しむ。	◇皮膚、便の状態、機嫌、熱、食欲、睡眠などの視診をしっかりと行う。 ◇少量でも排尿したことに気づき、泣いているときにはおむつを交換する。 ◇表情を見ながら、「気持ちいいね」「すっきりしたね」と気持ちに共感していく。 ◇便の出方が悪いときは、おなかのマッサージや水分補給を行いながら様子を見る。 ◇汗疹になりやすいので清潔に気をつけ、慣れないうちの沐浴は手早く済ませて不快な気持ちにならないように配慮する。	◆おしゃべりをしているときには相づちを打って、優しく応える。 ◆いないいないばぁなどの遊びで、一瞬見えなくなった視界から、大好きな人が見える喜びとおもしろさを感じる。 ◆畳や薄い敷物の上で体を動かしやすい環境を作り、寝返りを促していく。 ◆友達が遊んでいる様子が見えるように配慮して、動作や笑い声に興味をもたせる。
Bちゃん（1歳0か月）	●おむつ交換の途中で遊び始め、ズボンを履きたがらないことがある。 ●自分でバランスをとりながら2〜3歩歩く。 ●好きな歌を聴くと、体を上下に動かして手をたたいている。 ●手遊びをまねする。 ●「まんま」と発声する。 ●簡単な単語が理解できる（あんよ、おてて、おいしい、など）。	◇着脱時、自分で手足を動かしてみることを促す。 ◇せっけんをつけても嫌がらずに洗えるように、少しずつ慣らしていく。 ◆「まま」「わんわん」など、一語文を話してみる。 ◆歌や手遊びを楽しみ、まねをして手や体を動かしてみる。 ◆戸外へ出て、砂、水、草花に触れてみる。 ◆水性カラーペンで描いてみる。	◇行う動作が子どもにもわかるように具体的に声をかけながら、着脱をする。 ◇食事後の1回の午睡で無理なく過ごせるように、体を慣らしていく。 ◇タオルや着替えの準備を段取りよく行う。 ◇汗をよくかくので、水分補給、衣服の調節をこまめに行う。 ◇シャワーを浴びて汗を流す。 ◇食欲や皮膚、便の状態、熱などの視診をしっかりと行う。 ◇水道で手を洗う。	◆保育者といっしょに言葉を発していき、物の名前を覚える。 ◆好きな歌や手遊びを見つけ、繰り返し動作を楽しむ。 ◆砂や泥水を口に入れないように気をつけながら、五感への刺激を受ける。 ◆散歩に出かけ、乗り物を見たり公園の草花に触れたりする。 ◆大きめの紙（カレンダーの裏紙など）を選び、のびのびと腕から動かして描けるように配慮する。

月案 ▶ 6月_月案

行事予定

- げんきまつり
- 身体測定
- 健康診断
- 避難訓練
- 歯科検診
- 保護者研修会（減災・防災講座）

※げんきまつり…全クラスで、水着で思いきり水やプール遊びを楽しむ日。

◇…養護面のねらいや活動内容　◆…教育面のねらいや活動内容

保育資料

【戸外遊び】
砂、水、泥んこに触れてみる。
4人乗りバギーに乗って園外へ散歩に出かける。

【室内遊び】
手作りおもちゃ（マラカス）を引っ張ったり押したりする。
階段で遊ぶ。ボール、段ボール箱で遊ぶ。

【表現・造形遊び】
いないいないばぁ、揺らし遊びをする。
広告紙、小麦粉粘土で遊ぶ。

【絵本】
・もこもこもこ　・おっぱいいっぱいのんだこは
・わんわんだーれだ？　・かえるのがっしょう
動物・食べ物・乗り物の絵本

【うた】
・かたつむり　・パンダうさぎコアラ
・手をたたきましょう

食育	家庭との連携
●家庭での離乳食の様子を聞きながら、園では欲しがるだけミルクを飲ませる。 ●保育者や友達が食べている様子を見て、食に興味をもつ。	●家庭での離乳食の様子を聞き、慌てずに進めていけるようにアドバイスしていく。 ●寝返りをするようになると、窒息の危険が増すので、注意を促していく。 ●興味をもっている手遊び、歌などを伝え、家庭でも親子の関わりをもちやすいようにする。

●歯の本数やかむ力に合わせて、様子を見ながら1歳児食へ移行していく。 ●手づかみで自分で食べることを主にしながら、スプーンやフォークを握ってみる。 ●咀嚼を促すように「かみかみ、ごっくん」と話しかける。 ●保育者もいっしょに食事をとり、おいしいと思う気持ちを共有することで、食べる楽しさを感じる。	●1歳児食への移行で、初めて出る食材については、具体的に伝えて家庭で試してもらい、様子を聞いてから与えるようにする（牛乳、カレーなど）。 ●1歳までで生活ノートの記入が終わり、その後はクラス通信で園の様子を伝えることを知らせておく。

職員間の連携

- 子どもの興味、関心に合わせた環境を話し合い、整える。
- 梅雨時期は室内で過ごす時間が増えるので、危険個所やけが予防について再確認し、共通認識をもつ。

自己評価の視点

Aちゃん（0歳5か月）

- おしゃべりに対して、優しい気持ちでていねいに応えることができたか。
- 興味、関心に寄り添った遊びの提供ができたか。

Bちゃん（1歳0か月）

- さまざまな歌や手遊びを試し、子どものお気に入りをいくつか見つけることができたか。
- 砂や水に子どもといっしょに触れ、そのときの気持ちに共感することができたか。

4・5・6月 週案・日誌

5月 第3週　園児名 C夫 (低月齢児)　0歳4か月

前週の子どもの姿	●首もすわり、手足をよくバタバタと動かしている。 ●あやされると「うー」「あー」と声を出し、よく笑っている。 ●ミルクをよく飲んでいる。
今週のねらい	●手の大きさに合った、握るおもちゃで遊ぶ。 ●オルゴールやガラガラなど、きれいな音で心地よさを味わう。 ●機嫌のよいときに、腹ばいにして体の反らしを促す。

◇…養護面のねらいや活動　◆…教育面のねらいや活動

		14日(月)	15日(火)	16日(水)	17日(木)	18日(金)	19日(土)
計画	養護・遊び・言葉・運動・興味	\multicolumn{6}{l}{◇授乳後、目覚めている時間が増えてくるので、腹ばいなどいろいろな体勢を試してみる。 ◇スキンシップやベビーマッサージ、おむつ交換時に、語りかけやわらべうたなどを多く取り入れ、心地よさを味わう。 ◇機嫌のよいときは、だっこで他のクラスを見に行ったり、園庭に出て外気浴をしたりして、気分転換を図る。 ◆名前を呼んであやしたり、いないいないばぁをしたりしながら、表情を見たり、目の動きを見たりする。}					
	環境および援助のポイント	◇睡眠、授乳、おむつ替え、沐浴、遊びなどの生活が心地よい場になるよう、日々子どもの変化を見て対応していく。 ◇横向き、腹ばいなどの体勢は、ゆっくり体を支えながら行い、無理に動かさないようにする。 ◆ベッドの上につるしてあるおもちゃ（モビールなど）を目で追っているか（30cmの高さ）を確認する。 ◆親指が開いてきたら、握るおもちゃ（手の大きさに合ったガラガラなど）を持たせて、握る、口に運ぶ、落とすなどの様子を見ていく。 ◆どんなおもちゃの色や音に興味があるか、優しい語りかけをしながら試してみる。					
日誌	食事	ミルク190mL 200mL ゴクゴク飲む。	ミルク180mL 180mL	ミルク200mL 180mL	ミルク190mL 160mL 休みながら飲む。	ミルク160mL 180mL 休みながら飲む。	欠席（保護者休日）
	排泄	排尿3回、排便1回 おむつがぬれると泣いて知らせる。	排尿3回、排便2回 おむつを交換すると、気持ちよさそうにしている。	排尿3回、排便2回 おむつ交換時、手足をバタバタ動かしている。	排尿3回、排便1回 おむつ交換時、よく手足を動かしている。	排尿3回、排便1回 おむつを交換しても泣き、だっこすると泣きやむ。	
	着脱	日中おむつだけになって清拭しながら、下着を着替える。	汗をかいたので沐浴して着替える。その後マッサージをする。	衣服に手を通す際、じーっと保育者を見ている。	少し鼻水が出ているため、清拭のみで着替える。	衣服の着替えをするが、機嫌が悪く、だっこで過ごす。	
	健康	良好	良好	良好	鼻水が出る。	鼻水、せきが少し出ている。	
今週の気づき		●前半は体調がよく、ミルクもたくさん飲んで機嫌よく過ごしていたが、後半は鼻水が出始め、だっこで過ごすことが多かった。 ●腹ばいにすると頭を持ち上げている。 ●いないいないばぁやマッサージをしているときなどは、じっと保育者を見て、よく笑っている。					

5月 第3週　園児名 D子（高月齢児）1歳0か月

4・5・6月 保育の展開

前週の子どもの姿
- 離乳食後期食をよく食べている。
- はいはいが盛んになり、つかまり立ちや伝い歩きもしている。
- いやなときは首を横に振る。引っ張るおもちゃでよく遊ぶ。

今週のねらい
- 家庭や栄養士と相談しながら、1歳児食への移行を進める。
- 体の移動が早くなってくるので、危険のないよう注意する。
- 保育者の簡単なしぐさや言葉をまねるのに応える。

◇…養護面のねらいや活動　◆…教育面のねらいや活動

計画

遊び・言葉・運動・興味（養護）

- ◇着脱時、手足を動かしてみようとする気持ちを促す。
- ◇おまるに興味をもつよう、他の子の様子を見せながら誘いかける。
- ◆保育者に興味を示し、まねをし始めるので、簡単なわらべうた、いないいないばぁなどを繰り返し行う。
- ◆はいはいを十分に経験させ、段差のあるところや斜面への上り下りなども加えて変化をつける。
- ◆入れる、出す、引っ張る、落とすなど、手指を使った遊びを多く取り入れていく。

環境および援助のポイント

- ◇つかまり立ちでのおむつ交換で足を動かすなど、動きが活発になるので、上下が分かれた衣服への移行を保護者にも伝え、協力してもらう。
- ◆保育者の生の声や歌を多く聞かせ、人の関わりを感じて心地よく安心できる環境にする。
- ◆なんにでも興味をもち、探索したがる時期なので、園庭や近くの公園に行き、砂場での幼児の遊びを見たり、草花や生き物（園で飼育しているうさぎ、亀、散歩中の犬など）に触れたり、匂いをかいだりして、刺激を受ける。

日誌

	14日(月)	15日(火)	16日(水)	17日(木)	18日(金)	19日(土)
食事	野菜煮込みうどん完食。よく口を動かして食べている。	軟飯完食。野菜のミルク煮ほぼ完食。	軟飯、野菜煮完食。スープはおわんから少量ずつ飲む。	軟飯完食。高野豆腐の煮物とじゃがいもの味噌汁半分残す。	軟飯完食。キャベツのとろとろ煮、コーンスープほぼ完食。	欠席（保護者休日）
排泄	おむつを外すと、すぐはいはいして逃げる。	おもちゃなどを持たせて、語りかけながらおむつ交換をする。	つかまり立ちで、息張って便をしている（良便）。	ぬれていないときにトイレのおまるに座るが、排尿なし。	機嫌のよいときに、おまるに座る。1回排尿あり。	
着脱	暑いので、日中半そでに着替える。	保育者の膝の上に座って、ズボンの着脱をする。	ズボンに足を通そうと動かしている。	汗をかいたので、沐浴して衣服を着替える。	ズボンを広げると、自分で足を片足ずつ動かす。	
健康	良好 休み明け、おしりが赤くなっている。	良好 おしりの赤みが少し減っている。	良好 おしりがきれいになっている。	良好	良好 爪が伸びている。	

今週の気づき
- 休み明けはよくおむつかぶれが見られるので、保護者に伝え、保湿剤などをぬってこまめに保護する。後半きれいになった。
- 食べたくないと、いやいやと首を振るようになった。
- 部屋より柵の外に出たがり、よく柵につかまり立ちしている。
- 天気のよい日は園庭に出て、ござの上に座って遊ぶが、すぐにはいはいをして探索している。砂が口に入らないように見守る。

4・5・6月 保育の展開

環境設定

個々の生活リズムを大切に、発達に合った環境を整える

4月

6か月未満
- 個々の生活リズムに合わせながら進めていく。
- ベッドの上に、子どもの顔から30cmの高さに目で追えるおもちゃをぶら下げ、子どもの追視を観察する。やさしい音色のオルゴールを流すとよい。
- 目覚めているときは、だっこで視線を合わせながら、相づちを打ったり、語りかけたりして、安心感がもてるよう過ごす。

6か月〜1歳未満
- お座りの時期は、振る・引っ張る・動くおもちゃの提供をする。お座りが不安定なときは、保育者の膝の上で遊んだり、その子に合った手作りの支えを作ったりして、倒れないようにする。
- ずりばい、高ばいからはいはいする頃には、畳の上やマットの上で過ごすことが多くなる。転がるおもちゃ、音の出るおもちゃで誘う。

1歳以上
- 段ボール箱を押して歩く。物を押したり、保育者と手をつないだりして、歩くことを楽しむ。
- 入れたり出したりできるおもちゃや、引っ張るおもちゃなどを用意し、自分で触れて、試して、確かめたい思いを充実させる。
- 保育者と絵本をいっしょに見るなど、心の安定を大切にする。

5月

6か月未満
- オルゴールやガラガラの音色、簡単な季節の歌やわらべ歌などを聞かせる。
- あおむけの子にハンカチをそっとかけて外し、「いないいないばぁ」の遊びをする。
- 乳児体操やマッサージなどで、心地よさを体験させていく。
- リストバンド型のガラガラで、音を追いながら自分の手の動きを目で追う。

6か月〜1歳未満
- 天気のよい日はできるだけ外に出て、風、草花、小動物など自然物に触れる機会を多くもつ。
- 子どもがつかまりやすい高さの柵や安定した物を置き、つかまり立ちや伝い歩きなど移動ができる環境にする。
- 立ったときの目線に合わせて壁に装飾をする。数か所設置して、はいはいやつかまり立ちを誘う。

1歳以上
- いろいろな容器（袋・台所用ボウル・箱など）を用意し、遊びを繰り返しながら、自分で考え、行動している姿を大切にする。
- バスタオルに寝かせて、ゆらゆらと揺らす遊びを取り入れる（平衡感覚を育てる）。揺れに合わせて歌い、安心して揺れる感覚を味わう。

54

- 個々のリズムを大切にする。
- 発達に合ったおもちゃを提供し、落ち着いて過ごせるようにする。
- 保護者に園での様子を伝え、信頼関係を作る。

6月

- 1日の生活リズムを整えていく。
- 寝返りをしようとしてきたら、背中を支えたり、体をひねりやすくなるような介助をしたりして、無理なく進める。
- 子どもが手を伸ばすと届きそうなところで、音が出る・転がる・引っ張るおもちゃで遊んで、誘ってみる。
- 音が出る布を渡すと、繰り返し握る。

- 移動ができるようになり、探索行動が始まる。なんでも見て、触れて、試して、確かめて、物に興味をもち始める。"自分で"という意欲の芽生えを大切にする。
- 手作り階段を置いておくと、上り下りに興味をもつ。
- 危険でない限り、意思を受けとめて見守る。

- 乗り物や食べ物などの絵本や写真（絵）などを切り抜いた物で、壁面に貼ったり剥がしたりできる物を作る（裏に両面テープを貼って作る）。
- 保育者が近くから転がしたボールを受けるやりとりをしてみる。
- 探索行動が増える。手の届く範囲を確認し、事故のないよう見守る。

4・5・6月 保育の展開

4・5・6月 保育の展開

健康

年度初めの時期、
一人ひとりをていねいに確認

0歳児のこの時期は、日々の健康をチェックする視診が大切です。
身長、体重、体のバランス、アレルギーの有無など、一人ひとりの子どもの身体の特性も把握しましょう。

泣く時期の子どものケア

　入園・進級時期の0歳児は不安定で、泣いて欲求を表すことが多く、保育者自身も余裕がなくなりがちです。一呼吸おいて心を穏やかにして、だっこや言葉かけをするよう意識しましょう。機嫌のよいときは、できるだけのびのびと体を動かせるよう配慮します。室内に慣れてきたら、外の空気に触れたり、草花を見たりして、気分転換しましょう。

衛生面での配慮

　0歳児の保育室は、清潔・安全で過ごしやすい環境を提供することが大事です。子どもが触れるおもちゃから子ども自身の体まで、衛生面に留意します。
　おもちゃ類や畳、床、壁、棚などは殺菌消毒薬で消毒し、哺乳瓶は哺乳瓶用の消毒剤につけましょう。

梅雨の時期の健康管理

　湿度が高く、雨天続きで不快感を覚える時期には、機嫌が悪くなったり、おむつかぶれや湿疹などが増えたりしてきます。
　湿度が70%を超えたら、エアコンを使ったり換気をしたりして、調整するようにしましょう。
　おむつかぶれは、汗と尿でできてしまいます。また下痢が続くと、お尻がすぐ赤くなります。おむつかぶれが見られたら、ぬるま湯で洗い流し、タオルでよく拭いて乾かしてから、処方された薬を塗りましょう。園内だけでなく、家庭にも協力をお願いすることが必要です。

生活リズム
保育者との触れ合いで心の安定を

家庭から離れて、初めて園での生活を送る0歳児。スキンシップをたくさんして保育者の声と顔を覚えてもらい、安心感・信頼感がもてるようにしましょう。

❀ 保育者の優しい語りかけ・歌・スキンシップが安心への第一歩

乳児の耳は大人より敏感なので、語りかけるときも大きな声ではなく、ささやく程度の声で十分です。

保育者が、1日も早く子どもにとって安心できる存在になるよう、だっこしたり膝の上に乗せたりしてたくさん遊びましょう。

❀ 健康な体のサイクルを作る

園の環境は、家庭とは、生活や遊びの空間、食べる器や椅子、テーブルなども違います。一人ひとりの子どもの生活リズムに合わせながら、落ち着いてたくさん遊び、食べ、ぐっすり眠る体のサイクルを作っていきましょう。

❀ 少しずつ園の生活リズムへ

家庭での生活リズムを把握してから、徐々に一人ひとりの子どものリズムと園生活のリズムをつなげていきます。

受け入れ時に保護者から前日の様子を聞いたり、面談などの際に、家庭での生活リズムを確認したりしましょう。

4・5・6月 保育の展開

月案	p60
週案・日誌	p70
保育の展開	p72

子どもの姿と保育のポイント

はだしになって園庭へ出てみよう

高月齢児は、幼児クラスの遊びに興味津々です。園庭で泥んこ遊びをしている幼児クラスを見て、砂や泥の感触に興味をもって触ります。

靴を履いて外に出て、水たまりや泥んこをじーっと見ながら歩く子どもたち。「靴がぬれておもしろい」から、だんだん「気持ち悪い」感覚へと変化していきます。

はだしになって園庭に出てみましょう。最初は無理せず、靴を履きたがる子には履かせて、自分から脱ぐ日を待ちましょう。はだしが平気になったら、どんどんはだしで遊んでいきましょう。事前に、保護者に汚れてもよい服と靴を用意してもらいましょう。

砂・水・泥んこは感覚器官を育ててくれる

足の裏、足の指への刺激は、触覚にダイレクトに働きかけます。「気持ち悪い」「気持ちいい」「冷たい」「どろどろ」「ぴしゃぴしゃ」「ぬるぬる」など、子どもはさまざまな感触を感じます。

手足・体から脳へ伝わる感覚器官への刺激は、「砂・水・泥んこ」がもっともよい素材です。遊びのなかで素材にさまざまな変化があり、遊んでいる子どもの目は真剣です。まさに、初めての感触を「見て」「触れて」「試して」いるのです。

この遊びを毎日繰り返すなかで、おもしろさを発見し、そばにいる保育者に「どろどろぺたぺた、おもしろいね」と共感してもらいながら、試す遊びが変化していきます。子どもの表情や全身、指先までの力の入れ方を観察し、子どもの思いを受けとめてください。

乳幼児期に思う存分味わう、砂・水・泥んこの感触は、一生にわたる感覚器官の基礎となります。

新要領・新指針の視点で 7月の保育ピックアップ

元気カードで毎日の体調を確認して、沐浴・水遊びの気持ちよさを味わわせる

保護者に元気カードに記入をしてもらい、
発疹、熱、鼻水などの健康チェックを行って、水遊び・沐浴をする。

＊元気カード…75ページ参照

■ 初めての夏、「水に触れる」ことは心地よさを味わう絶好の機会

〈低月齢児〉

沐浴中心です。機嫌を見ながら、チャプチャプ音を楽しんだり、保育者が歌や語りかけを多く取り入れたりして、沐浴のひとときを楽しくなるようにしていきましょう。

〈高月齢児〉

1人用プール（衣装ケースやたらいが深さも材質も適しています）に、ぬるめのお湯を入れ、水遊び用のおもちゃやマヨネーズの空き容器、カップなどを用意し、じょうろでシャワーを注いだりして、水遊びをしましょう。衣装ケースやたらいなので、自分で出たり入ったりができ、保育者もすぐに支えられる距離感になります。一人ひとりの水遊びなので、排尿や皮膚トラブルにも対応できます。

小さめのビニールプールに10cmくらいのぬるま湯を入れて、2～3人で入るのもよいでしょう。水遊びは気持ちがよいものですが、危険も伴うので、その場から離れないよう徹底してください。

● 手を洗うことが自然にできるようになるチャンスでも

高月齢児になると、水道の水にも興味をもち始めます。

初めは手をかざして広げ、じっと見ています。水が冷たくて気持ちがよいことに気づくと、水道の場所に行きたくなります。細めに水を出し、「きれいきれいしようね」と誘ってみましょう。蛇口に手を伸ばしたり、蛇口をひねって水を出したりし、両手をこすり合わせて洗うこともできるようになっていきます。

大事なのは、水に興味をもつことが、蛇口をひねって手を洗うことが自然にできるようになるチャンスの場になるということです。さらにその行動で、協応動作（2つ以上の動作を同時に行うこと）ができるかなど発達面を見ることもできます。

水遊びの際、じょうろの水に喜んで触ってくるようになったら、手を洗うことを誘いかけていきましょう。

7月 月案

今月の保育のねらい
- 汗の状態などを見て、こまめな着替えや沐浴（もくよく）を行う。
- 水や砂に触れたりして、気持ちよく過ごす。
- 他のクラスの友達と関わりをもってみる。

	子どもの姿	ねらい	内容と配慮・環境 養護	内容と配慮・環境 教育
Aちゃん（0歳6か月）	●ミルクを飲む間隔が短い。 ●おむつがぬれるとすぐに泣いている。 ●便が硬くなってきた。 ●意思をもって、「あーうー」と声を出したり泣いたりする。 ●保育者を見ると、だっこを求める。 ●寝返りをしようとする。	◇おむつが汚れたら、泣いて知らせるのに応える。 ◇手足の動きに合わせて、楽しい雰囲気で着脱をする。 ◇ミルクを飲んだあとに口を拭いたり、汗をかいたら沐浴をしたりして清潔にする。 ◆一人で寝返りをうつ。 ◆「あーうー」と盛んにおしゃべりをし、欲求を表現していく。 ◆好きな物に手を伸ばして握り、時々持ち替えたり、しゃぶったりする。	◇熱、機嫌、皮膚、便の状態、睡眠、食欲などの視診を行う。 ◇便が硬めで出すときに苦しそうな場合は、おなかのマッサージをしたり、ミルクや水分を与えたりして様子を見る。 ◇検温を行い、体調の変化（熱中症など）に気をつける。 ◇水分補給をこまめに行い、気温や室温、湿度に配慮する。 ◇沐浴に慣れてきたら、心地よさを感じられるように声をかけ、ゆったりと汗を流す。 ◇畳やおもちゃは毎日消毒をして、清潔にする。	◆抱いてほしいときに「あーうー」と大きな声を出すなどの、子どもの欲求の表現を読み取って応える。 ◆気温、水温に配慮しながらだっこして外に行き、水に触れる。 ◆スキンシップを図りながら、優しく介助をして寝返りを促していく。 ◆だっこされて他のクラスへも行き、声をかけられたり、なでてもらったりする。
Bちゃん（1歳1か月）	●歩行が安定し、はいはいより歩くことの方が多くなる。 ●嫌がらずに着脱をする。 ●汗疹（あせも）ができやすい。 ●「まま」「わんわん」などと発音する。 ●いろいろな物を指さしする。 ●異年齢のクラスの活動に興味をもつ。	◇靴下を引っ張って脱いでみることを促す。 ◇汗をかいたら沐浴やシャワーで体を清潔にする。 ◇水道で手を洗うことを促す。 ◆「わんわん」「ぶーぶ」など、たくさん声に出しておしゃべりをする。 ◆靴を履いて外で歩いてみる。 ◆水、泥んこに触れてみる。 ◆クレヨン、絵の具で描いてみる。	◇汗疹ができやすいので、着替えを多めに用意してもらい、こまめに着替えをする。 ◇熱、機嫌などの視診をしっかりと行う。 ◇検温を行い、体調の変化（熱中症など）に気をつける。 ◇スキンシップを楽しみながら、泡をつけて優しく手を洗う。 ◇靴のサイズが合っているか、歩きにくくないか確認する。	◆保育者が靴下を引っ張って脱がせる姿を見て、自分でもできるかなという気持ちをもち、まねしてみる。 ◆実際にいろいろな物を見ながら、保育者といっしょにたくさん声を発し、話をする。 ◆散歩に出かけ、乗り物を見たり、公園の草花に触れてみたりする。 ◆砂や泥水を口に入れてしまわないように気をつけながら、自由に感触を楽しめるようにする。 ◆異年齢の活動に興味をもつ姿を見守る。

▶ 月案 ▶ 7月_月案

行事予定

- ●七夕の集い　●身体測定　●避難訓練
- ●啐啄(そったく)の集い

※啐啄の集い…47ページ参照。

◇…養護面のねらいや活動内容　◆…教育面のねらいや活動内容

保育資料

【戸外遊び】
水に触れる。色水に触れる。
砂、泥んこに触れる。

【室内遊び】
積み木、音の出るおもちゃ、音積み木、
布おもちゃ、空き容器、牛乳パック、
コップ重ねおもちゃで遊ぶ。

【表現・造形遊び】
絵の具に触れてみる。
段ボールに手で絵の具をつけたり、足につけて
歩いてみたりして足跡を楽しむ。

【絵本】
・だいすき・だいすき
・ちいさいまるちゃん　くるり
・ちいさいまるちゃん　ころり
・すっぽんぽん

【うた】
・うみ　・おふねがぎっちらこ
・アイアイ

7月

食育	家庭との連携
●家庭で離乳食を開始したら、家で食べたものを記入してもらい、園でも把握する。便の状態やミルクの量を確認し、保護者に伝える。 ●哺乳瓶の乳首サイズを確認し、ミルクは欲しがるだけあげていく。 ●園では2回食になってから、離乳食を取り入れる。咀嚼(そしゃく)の状態を見ていく。 	●着替えの回数が増えるので、余裕のある準備をお願いする。 ●家庭での食事（離乳食・ミルク）や水分摂取の様子を聞き、排便への配慮事項を伝える。 ●肌にさまざまな湿疹(しっしん)（汗疹・おむつかぶれ・虫さされなど）ができてくる。肌を保護するためにも、処方された塗り薬で対応していく。 ●エアコンの設定温度が家庭と園と違う場合がある。多少の汗はかいた方がよいことなどを伝えていく。 
●1歳児食をよくかんで食べる。 ●食材の好き嫌いが始めるが、保育者や友達といっしょに食べる楽しさを味わう。 ●手づかみやスプーンで、意欲的に食べる。 ●食べ具合を見ながら介助する。 ●スプーン1さじ量（口に入る量）を見て量の加減をする。 	●泥んこや絵の具で汚れた服があるときは、「たくさん楽しんだ分、汚れています」などと声をかける。 ●足に合った靴を履く大切さを説明し、用意してもらうように伝える。 ●夏の時期は靴をはいて、またははだしでたくさん遊ぶことを伝える。 ●着替えを多めに用意してもらう。 ●「げんきカード」の記入を毎日してもらい、体調がよければ水遊びや沐浴を行う。 

職員間の連携

- ●気温や湿度を見て、戸外遊びの時間を相談し合う。健康状態を把握しながら活動する。
- ●暑さ対策、熱中症予防について再確認し、共通理解を深める。

自己評価の視点

Aちゃん（0歳6か月）

- ●清潔に気持ちよく過ごせるように、沐浴や着替えなどに十分な配慮ができたか。
- ●声の出し方による欲求の違いに気づき、応えることができたか。

Bちゃん（1歳1か月）

- ●初めての絵の具や泥んこに触れる子どもの気持ちに、しっかりと寄り添うことができたか。
- ●気温などに配慮した活動を十分に展開できたか。

61

月案	p64
週案・日誌	p70
保育の展開	p72

子どもの姿と保育のポイント

● 暑さで、食欲・体力が落ちる時期、食べ物を工夫しよう

　日光に当たるだけでも体力は消耗します。たくさん飲んで（食べて）、たくさん体を動かして、ぐっすり眠るという生活リズムも、夏の時期は崩れ気味になります。

　特に休日は、兄弟姉妹がいると上の子に合わせて、プールや海、山、動物園や水族館、買い物などに連れられて出かけることが多くなります。大きい子のペースについていくのは、0歳児にはまだ難しいでしょう。園生活のなかで休息や栄養を十分にとりながら、元気に過ごせるよう配慮しましょう。

　夏の野菜や果物をうまく取り入れることで、体調を整えていきましょう。主食も、3食ともご飯ではなく、食べやすいうどんなどに変えてみるのもよいでしょう。一人ひとりの1日の食事量（授乳量）を把握しておくことが大切です。食欲が落ちてきたら、体重の増減をチェックし、保護者や栄養士と相談しましょう。

● エアコンの設定温度を確認しよう

　暑くて、夜も日中も不快感でぐっすり睡眠をとることが難しい時期です。ただし、1日中冷房の生活はよくありません。汗腺が育たず、冷えでおなかをこわしたり、夏かぜをひいたり、のどを痛めたりしてしまいます。園でも家庭でも、冷房はほどよく使うことを心がけてください。エアコンの設定温度は27～28度くらいにしておきましょう。

　朝夕の、気温の高くない時間帯に園庭や散歩に出かけ、自然の空気のなかで過ごしましょう。木陰やテラスの日陰を利用して体力の消耗を防ぐことも大切です。汗をかいたら、沐浴・水遊びです。

8月の保育ピックアップ

睡眠時に分泌されるホルモンの働きを理解し、保護者に睡眠の大切さを伝える

夜中の睡眠時に集中して分泌される、
乳幼児期の育ちを担う3つのホルモンの働きを伝える。

〈睡眠時間の目安は？〉

夜8〜9時に寝て、朝6〜7時には起きる習慣を、乳児期から進めていきたいものです。睡眠の大切さを保護者に理解してもらいましょう。

早く寝るには、日中たくさん遊び、しっかり食べること。0・1歳児はお昼寝も含めて1日12時間睡眠が必要です。個々に合わせたお昼寝（午前睡・午後睡）もしましょう。

早起き・早寝・3食しっかり食べることは、生活リズムを作っていく基本であり、心身ともに健康な体作りの土台になります。

〈生活リズムが脳を育てる〉

子どもに合わせた生活リズムを作ることは、「脳を育てる」ことにつながることも理解してもらいましょう。

特に、園で元気がない様子、情緒が不安定な姿が見られたら、家庭での生活リズムを確認してください。大人の時間に合わせた生活になっているかもしれません。

0歳児だからまだ大丈夫ではなく、この時期から生活リズムを作っていくことの大切さを伝えていきましょう。

乳幼児期に大切な3つのホルモン

● 成長ホルモン ●
骨を作ったり、筋肉を増やしたり、脳を発達させたりする働きがある。

生後3か月頃までは、数時間おきに目覚めと睡眠を繰り返していたのが、生後4か月を過ぎると、徐々に夜まとまって眠るようになり、睡眠中に集中して分泌される。

● メラトニン ●
人の一日周期の生体リズムをコントロールする重要なホルモンで、昼間たっぷり日の光を浴びることで、睡眠中の分泌量が増える。

夜の明かりはメラトニンの分泌を抑えてしまうので、電気は消すようにする。

● セロトニン ●
脳内の神経バランス、情緒を安定させる重要な役割があるホルモン。セロトニンは睡眠リズムと食事のリズム、昼間活発に遊ぶことで活性化できる。昼間の元気な活動のためにも、夜の睡眠が大切。

8月 月案

今月の保育のねらい
- 汗疹やおむつかぶれに注意して目を配り、着替えを行っていく。
- 気温・水温に配慮し、体調に合わせて沐浴や水遊びをして過ごす。
- 他のクラスの友達との関わりのなかで、新しい興味を見つける。

	子どもの姿	ねらい	内容と配慮・環境（養護）	内容と配慮・環境（教育）
Aちゃん（0歳7か月）	●おむつを外すと足をばたつかせて喜ぶ。 ●機嫌のよいときには、一人で遊んでいる。 ●寝返りが打てるようになる。 ●腹ばいになると両足で床を突っ張っている。 ●おなかを中心に回転し、移動している。 ●握ったり、しゃぶったりできるおもちゃを、喜んで手にしている。	◇体を清潔にして気持ちよく過ごせるようにする。 ◇沐浴をしたり、ぬるま湯に触れたりする。 ◇いろいろな声を出すことに応えて、触れ合う。 ◇支えて、お座りをさせてみる。 ◇左右の寝返りで移動する。 ◆保育者の顔がわかり、少し離れた所から声をかけると笑う。	◇熱、機嫌、皮膚、便の状態、睡眠、食欲などの視診を行う。 ◇便が硬めなので、回数、出方、状態をよく見て、記録していく。 ◇服を着るのを嫌がるときには、好きなおもちゃで気を紛らわせるなどして、手際よく終わらせる。 ◇ミルクを飲んだあと、口の周りや首筋をていねいに拭く。 ◇睡眠時間を確認しながら、休息がきちんととれるように配慮する。 ◇室温、気温に注意し、水分補給をしながら無理なく過ごす。	◆いろいろな子どもの声に優しく応え、語りかける。 ◆手をたたきながら声を出すときには、調子を合わせてうたうなどして相手をする。 ◆動きたい気持ちが増すよう、興味をひくような声かけをする。 ◆ロッカーの角などにぶつけても危険のないように、室内環境に配慮する。 ◆離れた所からでも、積極的に声をかけていく。 
Bちゃん（1歳2か月）	●一人でたくさん歩けるようになる。 ●靴下を引っ張って脱ぐ。 ●友達と顔を見合わせて笑う。 ●一語一語がはっきりする。 ●犬を指さして「わんわん」と言う。 ●穴に物を入れる。 ●曲が流れるとうれしそうに体を揺らしている。 	◇手を洗うときには、自ら手を伸ばして水に触れるようにする。 ◇汗をかいたら、沐浴やシャワーで体を清潔にする。 ◇自分でズボンを脱いでみることを促す。 ◆興味をもった所へ自由に歩いていく。 ◆プールで遊んでみる。 ◆友達に興味を示して、同じ物を使おうとする。 ◆穴に物を入れたり、積み木を崩したりして遊ぶ。	◇汗疹や、おむつかぶれになりやすいので、注意する。 ◇焦らずゆっくりと、子どもがやろうとする気持ちを大切にする。 ◇着替えや体拭きタオルを準備してもらい、清潔な衣服に着替える。 ◇「冷たくて気持ちいいね」などと声をかけ、水の感触を共感しながら手を洗う。 ◇水分補給（水、麦茶）など、熱中症対策も行う。	◆実物を見たり、絵本を見ながら指さしをしたりして、言葉を繰り返して覚えていく。 ◆そばで見守り安全に配慮しながら、興味をもった所へ行きたい気持ちを大切にする。 ◆乳児用のプールに浅く水を入れて遊ぶ。 ◆出す→入れる、崩す→重ねるの動作を、保育者といっしょに楽しむ。 ◆他のクラスの活動の様子も見に行き、参加してみる。

行事予定

- 身体測定
- 避難訓練

◇…養護面のねらいや活動内容　◆…教育面のねらいや活動内容

食育	家庭との連携
●朝のミルクが足りないときは、登園後すぐにミルクを欲しがるので、満足するまで与える。 ●園でも離乳食を始める（家庭での様子を聞き、無理なく進める）。 ●いろいろな味や舌触りを楽しめるように、食材の幅を広げる。 ●哺乳瓶の乳首のサイズを確認し、大きめの物にしてもらう。 ●少しずつ、コップやマグマグなどでも水分を飲めるように試していく。	●家庭での離乳食の進み具合とミルクの量を確認しながら、今後の対応を話し合う。 ●エアコン使用や、体を冷やす夏野菜を食べることが増えてくるので、下痢しやすくなる。便の把握も連絡し合う。 ●保護者にAちゃんの好きな動きや遊びを知らせ、ずりばいを促すような関わり方を伝えていく。 ●虫さされや汗疹、おむつかぶれなどの皮膚のチェックを引き続きこまめに行い、早めの受診を勧める。

●時々スプーンやフォークを使いながら、主に手づかみで食べる。 ●友達や保育者と同じテーブルで、他の子の様子も見ながら食べる。 ●好きな食べ物、苦手な食べ物を選んで食べるが、無理強いせず、「これおいしいね」と保育者が食べるまねをし、食べたときは「○○ちゃんのお口にパックンできたね」などとほめる。	●毎日の健康管理をきちんとしてもらい、プールカードに記入するなどして体力に無理のない活動ができるようにする。 ●行動範囲が広がったことで予想されるけがや危険について、伝えていく。 ●好きな絵本、歌、リズム体操などを伝え、語彙が増えたことやまねが盛んなことを知ってもらう。

保育資料

【戸外遊び】
砂・水・色水遊び。
泥んこや絵の具に触れる。

【室内遊び】
スキンシップ（いないいないばぁ、いっぽんばし）をする。
引っ張るおもちゃ、押して歩くおもちゃ、室内滑り台で遊ぶ。

【表現・造形遊び】
小麦粉粘土、リズム遊びをする。

【絵本】
・おふろでちゃぷちゃぷ　・もうねんね
・ねないこだれだ　・バスがきました

【うた】
・おはなしゆびさん　・まあるいたまご
・きらきらぼし　・キャベツのなかから

職員間の連携

●一人ひとりの登園状況や、家庭での過ごし方を把握し、無理のない園生活を送れるようにする。
●職員も水分補給を行い、体調管理ができるよう声をかけ合っていく。

自己評価の視点

Aちゃん（0歳7か月）

●休み明けに、家庭での過ごし方や成長を読み取れるような会話、記録のチェックができたか。
●活動内容や水分補給など、暑さに配慮した対応ができたか。

Bちゃん（1歳2か月）

●園の生活リズムに慣れるまで無理のない対応ができたか。
●水分補給など熱中症予防について、職員同士で再確認し合うことができたか。

月案	p68
週案・日誌	p70
保育の展開	p72

子どもの姿と保育のポイント

子どもや保護者と信頼関係が保てているか確認する

入園して半年になる9月。子どもと保育者の間には信頼関係ができ、子どもは入園当初とは違う甘えやこだわりを見せてきます。「自分」を理解してくれる人がわかり、「自分」をありのままに表現します。「この先生は、こうするとだっこしてくれる」など、保育者によってしぐさを変えることもあります。

保護者との信頼関係はできているでしょうか。話しやすい人、話しにくい人がいることは確かです。同じように伝えても、共感してくれる保護者と無表情の保護者、家庭での様子を喜んで教えてくれる保護者と、あまり聞いてほしくなさそうな保護者がいます。

子ども一人ひとりに合わせた保育をしている保育者は、「保育のプロ」です。親子のよきアドバイザー的存在となることを心がけて、保護者を尊重しつつ、園での様子をこまめに伝え続けましょう。保育者が日々いきいきとし、子どもを見る目がキラキラしていれば、必ず思いは伝わります。

探索行動を観察してこだわりや興味・関心に寄り添う

子どもの行動やしぐさを観察することで、見えてくるものがあります。月齢が高くなるにつれて、行動範囲が広がり、興味ある物に触れ、試し始めます。脳や体を最大限に使っているので、真剣に取り組んだり、何回でも繰り返したりします。そばにいる保育者が共感することで安心し、さらに遊びが充実していきます。積み木を崩す、重ねる、並べる、入れる、出すなどの行為や、両手で振る、たたくなどを繰り返します。

そんな発達に合わせて、さまざまな素材を用意しましょう。音の違いや感触の違いによって、同じことをしても違うということを発見し、それがまた、おもしろさへとつながっていきます。

9月の保育ピックアップ

全クラス参加の「うんどうまつり（運動会）」で、親子いっしょに楽しむ

午前中のみ（9:00～11:30）の参加となる乳児クラス。
ねらいをもって参加する。

■ 保護者が子どもの成長を感じ、先の成長の見通しをもてる場に ■

〈ねらいを明確にしよう〉

　初めての運動会。なんのために行うのか、ねらいや目的を明確にすることが大切です。「いつものうんどうまつり」と毎年同じにするのではなく、今の子どもたちの姿や興味について話し合って流れを決めましょう。
〈主なねらい〉
●子どもたちの今大好きな遊びを知ってもらう
●親子でいっしょに体を動かして楽しむ
●0～5歳児の発達のつながりを感じてもらう
●保護者同士の親睦を図る

〈保護者に発達の姿を見てもらうチャンス〉

　日ごろ親しんでいる大好きなリズム遊びを、保護者といっしょに行います。保護者にとっては、クラスの他の親子といっしょに遊ぶ貴重な機会です。リズムに合わせて体を揺らす様子に、成長を感じられることでしょう。
　同様に他のクラスを見ることで、0歳から5歳への発達のつながりを感じ、この先の成長を見通せるようにもなります。今後の子どもの成長がますます楽しみになることでしょう。

❀ オノマトペは言葉の入り口 ❀

　オノマトペとは、擬音語や擬態語のことです。
　遊んでいるとき、食べているとき、自然物を見たり触れたりしているときなど、さまざまな場面で保育者が感じた音を言葉にしましょう。
●動物を見て、「ワンワンいたね」「ニャーニャーいたね」
●乗り物を見て、「ブーブー走っているね」
●雨や風の音（ザーザー、ポツポツ、ビュウビュウ……）
●落ち葉を踏む音（ザクザク、ボソボソ……）など

　オノマトペは単純な音の繰り返しなので、子どもが興味をもち、まねをして発音しやすいことが特徴です。オノマトペを通した保育者との楽しいやりとりが、言葉の獲得へとつながっていくのです。たくさん使って、言葉のおもしろさを味わわせましょう。

ワンワン　　ブーブー　　ザクザク

9月 月案

今月の保育のねらい
- さまざまな欲求（食べる、飲む、眠る、遊ぶ）や甘えたい気持ちを十分に満たし、安心して過ごす。
- 暑さでの疲れ、生活リズムの乱れに配慮する。

	子どもの姿	ねらい	内容と配慮・環境 養護	内容と配慮・環境 教育
Aちゃん（0歳8か月）	●表情や態度で排泄を知らせる。 ●好きなおもちゃを見つけると寝返りで移動し、手にとって遊ぼうとする。 ●友達に興味をもち、じっと見つめる。 ●お座りでも少し遊べるようになる。 ●担任の保育者を見つけると、だっこを求める。	◇楽しい雰囲気のなかで、嫌がらずに着脱をする。 ◇沐浴をする。 ◇体を清潔にして、ゆったりと気持ちよく過ごせるようにする。 ◇転がって移動したり、ずりばいをしてみたりする。 ◆たくさん声を出し、おしゃべりをする。 ◆散歩に行き、どんぐりや落ち葉に触れる。	◇熱、機嫌、皮膚、便の状態、睡眠、食欲などの視診をしっかりと行う。 ◇排泄時の子どもの様子をつかみ、おむつ交換をしていく。 ◇着脱しやすく、動きやすい衣服を準備する。 ◇「いないいないばぁ」などのコミュニケーションやスキンシップで、着脱を楽しい時間にする。 ◇鼻水、咳などが出ているときは、特にゆったりと過ごすよう配慮する。 ◇ガーゼをかむことが好きなので、清潔な物を持たせる。 ◇手、足、腰を重点的に動かしてマッサージをする。	◆声の調子に合わせて、「楽しいね」などと気持ちを代弁しながら共感していく。 ◆おしゃぶりや歯固めおもちゃで、口をたくさん動かせるようにする。 ◆園外の様子を感じられるよう、散歩中の景色や人との出会いを大切にする。 ◆見える所に好きなおもちゃを置いておくなど、興味をひく環境を用意する。
Bちゃん（1歳3か月）	●時々小走りをしている。 ●はいはいで階段の上り下りができる。 ●ズボンを脱ごうとする。 ●友達に興味をもち、おもちゃの取り合いも出てくる。 ●保育者のまねをして手足を動かそうとする。 ●「ぱぱ」や「にゃんにゃん」など、一語文が増える。	◇トイレに行き、おまるや便器に興味をもつようにする。 ◇ズボンやおむつを引っ張って脱ごうとすることを促す。 ◇喜んで手を洗いに行く。 ◇体を清潔にして、ゆったりと気持ちよく過ごす。 ◆ボールを追いかけたり、転がしたりしてみる。 ◆積み木を積む。並べる。 ◆散歩に行き、木の実や葉っぱに触れる。	◇おむつを脱ぐと、すぐに動き出して履くのを嫌がるので、スキンシップや好きな歌で楽しい雰囲気作りをする。 ◇着脱時、ズボンに手をかける姿を見つけたら、すぐに手伝わず、「よいしょ」などのかけ声で応援する。 ◇「あわあわしに行こう」と、手洗いも遊びの一環として促していく。	◆笑顔でたくさん語りかけ、言葉にならない子どもの気持ちを代弁して共感する。 ◆子どもが両手で持ちやすいサイズのボールを用意する。 ◆おもちゃの取り合いも関わりの一つと捉え、すぐには止めず様子を見て間に入る。 ◆子どもが集中しているときはじっと見守り、できたらいっしょに喜ぶ。 ◆指先でさまざまな素材の違いを味わえる環境を用意する。

行事予定

- ●身体測定　●避難訓練　●うんどうまつり　●健康診断

※うんどうまつり…全クラス、親子で参加する運動会。日ごろの遊びや運動を行う。

◇…養護面のねらいや活動内容　　◆…教育面のねらいや活動内容

保育資料

【戸外遊び】
滑り台、鉄棒ぶら下がり。
秋見つけ（散歩、落ち葉や木の実探し）をする。

【室内遊び】
シール遊び、積み木、牛乳パック積み木、
ボール、トンネルで遊ぶ。

【表現・造形遊び】
小麦粉粘土、土粘土で遊ぶ。
絵の具、水性カラーペンを使って描く。
リズム遊びをする。

【絵本】
・いただきまあす　・ごぶごぶ ごぼごぼ
・ごあいさつあそび
・だれかな？ だれかな？

【うた】
・どんぐりころころ　・さんぽ
・とんぼのめがね

職員間の連携

- ●欲求に対する表現の違いを見つけ、子どもが満足できる働きかけを話し合う。
- ●草木や木の実の変化について伝え合い、子どもとともに季節の変わり目を感じていけるようにする。

自己評価の視点

Aちゃん（0歳8か月）

- ●表情や態度から気持ちを読み取り、欲求に応えることができたか。
- ●子どもに合わせ、焦らず無理のない離乳食の対応ができているか。

Bちゃん（1歳3か月）

- ●子どもにとって聞き取りやすい語りかけができたか。
- ●成長に合わせた運動発達を促す遊びを、取り入れることができたか。

食育	家庭との連携
●家庭での様子を聞き、無理なく離乳食を進める。 ●体調の悪いときには無理せず、ミルクで過ごすなどして対応する。1日の摂取量を記録する。 ●口の動きに注目し、きちんと飲み込めているか確認する。	●朝食（離乳食）の食べ具合やミルクの量などをできるだけ詳しく聞き、その日の様子に合わせた対応をしていく。 ●家で食べた食材を1週間に1回、アンケートに記入してもらい、便の状態、咀嚼などを見ながら進めていく。 ●お気に入りの歌や手遊びを伝えていく。 ●なんでも口に入れるので（口で試す時期）、口に入る小さな物は手の届く所に置かないよう伝える（特に、タバコや薬などに注意することを伝える）。

●スプーンやフォークを使って食べてみる。 ●保育者がかんでいるところを見せたり、「かみかみ、ごっくん」と声をかけたりしながら、咀嚼を促す。 ●子どもに合った椅子の高さ、テーブルの高さを確認する（おへその上ぐらい）。	●子どもの興味や関心についてクラス通信でも伝え、家庭でも遊べるものを提案する。 ●やりたい気持ちが膨らんでいるときなので、見守ることの大切さを伝えていく。 ●園での子どもの「もっかい」と繰り返し喜んでいる遊びや歌、絵本を伝え、家庭での好きな物も聞いて、その子の"マイブーム"を尊重し合う。

週案・日誌

8月 第4週　園児名 **C夫**（低月齢児）0歳7か月

前週の子どもの姿
- ずりばいで移動できるようになる。
- おむつ替え時の仰向けを嫌がる。
- 時々よつんばいになり、体を前後に揺らしている。

今週のねらい
- さまざまな音や素材に触れる（エアパッキン、布、マラカス）。
- 支えられて座ってみる（手作り支え用椅子使用）。
- 離乳食初期。家庭との連絡を密にする。ミルクと併用。
- 肌の様子を確認しながら着脱を行う。

◇…養護面のねらいや活動　◆…教育面のねらいや活動

計画

	20日(月)	21日(火)	22日(水)	23日(木)	24日(金)	25日(土)

養護・遊び・言葉・運動・興味

◇ミルクの時間に配慮して活動に参加し、体力に無理のないように過ごす。
◇体の動きに合わせて、おむつ交換や着脱を行う。
◆転がるおもちゃや音の出るおもちゃでずりばい移動を誘う。よつんばいの姿勢を見守る。
◆喃語をたくさん発するので、語りかけたり、相づちをうったりしながら、言葉のやりとりを楽しむ。
◆少しずつお座り体勢で、両手を使って遊ぶ。
◆暑い日は、容器やカップで水と親しみながら、水遊びや沐浴を楽しむ。

環境および援助のポイント

◇午前中の水遊び時間前後に、眠くなったり、おなかがすいたりしないよう、タイミングを計りながら機嫌よく遊べるようにする。
◇仰向けを嫌がり、つかまり立ちするようになったので、おむつからパンツ型おむつに替えてもらう。
◆さまざまな大きさや感触の転がる物を用意し、保育者といっしょに転がして遊び、はいはいがたくさんできるよう促す。
◆お座り遊びは、手作りの支え用椅子を使用し、転倒を防ぐ。長時間のおすわりは腰に負担がかかるため、10分以内にする。
◆水遊びは、ぬるま湯を用意する（※水道水の使用は1歳児以上）。

日誌

	20日(月)	21日(火)	22日(水)	23日(木)	24日(金)	25日(土)
食事	哺乳瓶を見ると、手で引き寄せて飲もうとする。1回量160mL。	離乳食はひと口ずつもぐもぐし、ほぼ完食。1日ミルク2回。	離乳食を半分食べて寝てしまう。目覚め後ミルク180mL摂取。	早めの離乳食にしてもらい、完食する。ミルクもよく飲む。	離乳食完食。口の動かし方が上手で、口をあけて欲しがる。	欠席（保護者休日）
排泄	排尿3回、排便2回 おむつの取り替え時は静か。	排尿4回、排便1回 午前中は便は出ていない。	排尿3回、排便2回 一度にたっぷりしている。	排尿3回、排便2回 排便時、顔を赤くして踏ん張っていた。	排尿3回、排便1回 午前中は便は出ていない。	
着脱	パンツ型おむつの履き替えがスムーズにできた。	つかまり立ちしながら紙パンツを履く。片足ずつ上げている。	両手で柵につかまって、ズボンに足を通そうとする。	柵につかまって着脱中、機嫌よく声を発している。	沐浴前後の着脱で、裸になるのを喜んでいる。	
健康	良好 ずりばいでよく動く。爪が伸びている。	良好 水遊び後、沐浴をして汗を流す。	良好 沐浴のみ。	良好 水遊び後、沐浴。	せきが出ている。沐浴のみ。	

今週の気づき
- 離乳食は順調だが、暑さや午前中の遊びで眠くなる時間が食事の後半頃なので、少し早めに食べ始めて完食できるよう配慮した。
- パンツ型おむつにしてもらうと、つかまり立ちして機嫌よく着脱できるようになった。
- 部屋中をずりばいして、よく動いておもちゃに触れては、振ったり引っ張ったりなめたりしている。柵のそばに行き、つかまり立ちして、足を屈伸している。よつんばいのはいはいができそうである。

8月 第4週　園児名 D子（高月齢児）1歳3か月

前週の子どもの姿
- 手づかみでよく食べるが、嫌いな物があり、口から出す。
- 一語文が出始めている。「まんま」「ないない」「わーわん」など。
- 手遊びや歌が好きで、体を揺らして、手をたたいている。

今週のねらい
- 手づかみ食べと、スプーンやフォークを並行して食事する。
- 保育者と見立て遊びや手遊び、歌などのやりとりを楽しむ。
- 水遊びや描画（水性カラーペン、クレヨン）で遊ぶ。
- 保育者が広げているズボンに、自分で足を入れてみる。

◇…養護面のねらいや活動　◆…教育面のねらいや活動

7・8・9月 保育の展開

計画

養護・遊び・言葉・運動・興味

◇おむつ交換をトイレの入口付近で行い、他の子がトイレに行く様子を見られるようにする。
◇汗をかいたら着替えやシャワーを行い、清潔に過ごす。
◆室内では、食べ物の見立て遊び、歌、手遊びなどで、言葉のやりとりを多くし、語彙が増えるよう促す。
◆歩くようになったので、園庭では、日中ははだしで遊び、朝夕は靴を履いて遊ぶ。
◆曲が流れると、リズムに乗って体を動かしているので、保育者といっしょに楽しむ。
◆カレンダーの裏の白い紙などに水性カラーペンやクレヨンで描く。

環境および援助のポイント

◇着替えを多く用意してもらい、気持ちよく過ごせるようにする。
◇1歳児クラスのトイレや手洗いの時間に合わせて、いっしょに行動することで、やり方を見てまねる機会にする。
◆お兄さんお姉さんから学ぶチャンスとして、興味のある活動にも入れてもらい、よい刺激を受けてくる（絵の具、ままごとなど）。
◆保育者がリズムに乗って楽しく踊ったりうたったりする姿を見て興味をもつので、いっしょに行う。
◆言葉のまねも多くなる時期。子どもの指さす物や思いを保育者が言葉にして受けとめたり、共感したりしながらやりとりする。

日誌

	20日(月)	21日(火)	22日(水)	23日(木)	24日(金)	25日(土)
食事	スプーンと手づかみで並行して食べる。	ご飯を手づかみで食べる。口に入れて出す物がある。	スプーンでスープをすくっては口に入れて飲む。	苦手な物を口から出す。嫌な物は首を振って食べない。	食べたい物をフォークに刺して食べている。	欠席（保護者休日）
排泄	トイレに興味があり、トイレのおまるに座る。	1歳児クラスがトイレに行くといっしょに行く。おまるに座る。	食後排便しているが、まったく気にせず遊んでいる。	食後排便。紙パンツを脱いでトイレに行くのを喜ぶ。	おまるに座って1回排尿ができた（午睡明けに出る）。	
着脱	シャツを着せると自分から腕を通していた。	保育者の膝の上でズボンを履く。足を通そうと動かしている。	片足を上げてズボンを脱ぐことができた。	靴下を引っ張って脱ぐことができる。	保育者といっしょに、「ばぁー」とシャツを脱ぐ。	
健康	鼻水	鼻水	鼻水 午睡中せきが出る。	鼻水 午睡中せきが出る。	鼻水 午睡中せきが出る。	

今週の気づき

- 鼻水が出ていたが、機嫌もよく、たくさん歩いている。1歳児クラスの遊びやトイレに興味をもち、入れてもらうことが多かった。
- 室内では、リズム体操やグーチョキパー、いないいないばぁを保育者といっしょにすることを喜んでいる。
- おもちゃを食べ物に見立てて、「いただきます」「おいしいね」「どうぞ」「ありがとう」「ぱくぱく」などのやりとりを繰り返して遊ぶのを喜ぶ。

7・8・9月 保育の展開

環境設定

快適な室温で心地よく過ごし、水や泥などの素材を十分に提供する

7月

6か月未満
- 寝返りや腹ばい、お座りなどの体位で自由に動けるよう、音が出る・転がる・引っ張るおもちゃで興味を誘う。
- 感触の違う素材（やわらかい・固い・ふわふわ・ツルツル・ガサガサ）で手作りおもちゃを作る。スポンジや牛乳パックで作った積み木など。

6か月～1歳未満
- 天気がよいときは、はだしで外に出て遊ぶようにする。足の裏で感じるさまざまな感触を大切にする。
- 砂・水・泥に興味津々で、触れたがる子もいるが、初めての感触で、ぬれたり、汚れたり、砂がついたりするのを嫌がる子もいる。少しずつ触れていくのを見守る。
- 砂場用のシャベルやカップ、容器などを用意し、遊び出すきっかけを作る。

1歳以上
- 色水を衣装ケースなどに用意しておく。手で触れたり、カップなどを使ってすくってみたりしようとする。ビニール袋に色水を入れて外から触れるなど、同じ素材でも遊び方を変えてみる。
- 大人の様子をよく見ているので、保育者が触れて気持ちよさそうにしていると、興味をもちやすい。

8月

6か月未満
- 薄着になり、体をよく動かせるように配慮する。
- ぬれてもよいテラスなどで、たらいなどにぬるま湯を入れ、カップやペットボトル容器ですくって、子どもの手や足に優しくかける。喜んでいたら、いっしょに何回も楽しむ。
- お座りが不安定な子は、沐浴時に湯に触れ、気持ちよさを味わえるようにする。

6か月～1歳未満
- ひさしや日陰のあるテラスなどで、水遊びをする。
- 真水ではなく、ぬるま湯を使用し、20cm以下の高さの水量で、乳児用プールやたらい、衣装ケースなど、小さめの物で対応する。
- 中に入ったり、水をくみ出したりして遊ぶ。
- 時間は20～30分以内とし、遊ぶ前後は水分補給を行う。

1歳以上
- 全身で水に触れて遊ぶ。
- カップなどを用意し、「入った・出た・こぼれた」など子どもたちが自分で感じ、繰り返し試せるようにする。
- 水遊びの前には、リズム体操などをして体を温めておく。水遊び後は体を休められるような活動をする（読み聞かせなど）。

- 気温と室温を確認しながら、心地よく過ごせるよう沐浴や水遊びをし、エアコンを上手に利用する。
- 感覚器官を最大限に育てる素材や環境を用意し、脳や体を育てる。

9月

- 保育者といっしょに、はいはいで布をくぐりぬける。
- 「いないいないばぁ」の遊びをたくさんする。保育者が両手で自分の顔を隠したり、ハンカチを使って子どもの顔を隠したりして、やりとりを楽しむ。繰り返すうちに自分でハンカチを取ったり、載せたりしてまねするようになる。

- 全身運動や指先を使った遊びをたくさんする。
- 小さめの物を親指・人差し指・中指でつまんで持てる（誤飲しそうなサイズの物は室内に置かない）。
- 段差のある所を歩く、斜面をよじ登るなど、ドキドキ・ワクワクする動きに挑戦したくなる時期なので、思う存分遊べるようにする。
- 危険のない限り見守り、やりたい気持ちを大切にする。

- 絵本をめくったり、大きめのシールを剥がしたり、指先を使った遊びにも集中する。壁面など、室内にめくる遊びがしやすい環境を用意する。
- 小麦粉粘土・土粘土などに触れて感触を味わってみる。
- 簡単なダンスをまねし、曲が流れると喜んで手足を動かすようになる。

7・8・9月 保育の展開

7・8・9月 保育の展開

健康

夏に多い感染症

夏の暑さで、体力が落ちてくるこの時期は、体調も崩しがち。
病気にかかりやすくなっています。夏に多い感染症に注意しましょう。

夏かぜ

　夏かぜの代表的なものとしては、エンテロウイルスによる「ヘルパンギーナ」や「手足口病」が挙げられます。熱の他、口内炎ができたり、下痢をしたり、発疹が出たりすることもあります。
　また、アデノウイルスによる「プール熱（咽頭結膜熱）」は、高い熱が続き、目が充血したり、目やにが多く出たり、喉が痛くなったりするなどの症状が見られます。
　ウイルスはよだれや便の中にいるので、「おむつ替えのあとは手をよく洗う」「なめるおもちゃやタオルを共有しない」などの予防を心がけましょう。

皮膚感染症

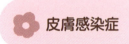

　皮膚感染症として挙げられるものには、「水いぼ」「汗疹（あせも）」「とびひ」などがあります。肌を出す機会が増え、皮膚が物に触れたり、かゆいのでかいたりすることで、タオルや爪からウイルスや細菌が侵入して感染します。
　その他、「虫刺され」「毛虫刺され」「じんましん」「日焼け」などの皮膚トラブルも出てくるので、さまざまな発疹や湿疹に注意し、見分けがつかないときは早めの受診を勧めましょう。化膿させないためにも、清潔にしたり保湿したりなどのケアが必要です。家庭にも伝えましょう。

食中毒

　O-157やカンピロバクター、サルモネラなどの菌を防ぐために、きちんと加熱する、調理器具や食器などを清潔にするなどの注意事項について、給食室職員とも共通理解を深めておきましょう。
　下痢やおう吐をしたときは、すぐに受診を勧めてください。保育者も万全な処置と対応ができるよう、日頃から処理手順を学び合い、他の子への感染を防ぎましょう。

＊おう吐や下痢の処置の仕方は92-93ページ参照

　また、乳児には虫除けスプレーなどはできるだけ使用しないようにしましょう。多くの虫除け剤に含まれているディートという成分は、まれに体への影響があるとされているので、使用には注意が必要です。

家庭との連携

お便りを活用して肌トラブルへのケアを伝えよう

園でこまめにおむつ替えや沐浴、衣服の着替えをしても、休み明けには、おむつかぶれや汗疹がひどくなって登園する子どもがいます。家庭での過ごし方をお便りで伝えましょう。

げんきだより

○月○日
△△保育園
□□ぐみ

肌を清潔に保って あせもやおむつかぶれのケアを

夏の服装は……綿など汗を吸う素材の下着や、ゆったりした風通しのよい衣服に。肌着はノースリーブではなく、袖つきのものに。脇の下の汗を吸収してくれるので、あせも予防に効果的です。

あせもの原因は……汗腺に汗やほこり、あかがたまることで、炎症になります（※背中・首・脇の下・肘・膝の裏側に注意）。

おむつの中も……夏は汗や尿で肌が赤くかぶれやすくなるので、こまめにおむつを替えて清潔に。排便後はシャワーで便を洗い流し、タオルで拭き取って、かぶれがひどくならないうちにケアをしましょう。

げんきだより

○月○日
△△保育園
□□ぐみ

水遊びや沐浴のススメ

園では体調や機嫌に留意しながら、日中に1回、水遊びや沐浴をしてさっぱりと気持ちよく過ごしています。水遊びは真水ではなく、ぬるめのお湯を使用しています。

家庭で水遊びや沐浴をする時は、
・目を離さないこと
・15分以内を目安にすること
・着替えたら水分補給をすること
をお願いします。深さ3cmの水たまりでも乳児は溺れてしまうことを忘れずに。
親子でいっしょに笑顔で、楽しい雰囲気のなかで水遊びを楽しんでください。

● **元気カードを活用しよう**

7月から毎日、保護者に元気カードを記入してもらいます。

体温を記載し、水遊びや泥遊び、シャワーが可能かどうか、○×を記入してもらうものです。水いぼ、汗疹など皮膚の発疹、鼻水など、特記すべきことも書いてもらいます。それによって、その日のその子どもの健康状態を、より理解しやすくなります。沐浴や水遊びの際の目安となる物なので、必ず確認するようにしましょう。

7・8・9月 保育の展開

月案	p78
週案・日誌	p88
保育の展開	p90

子どもの姿と保育のポイント

● 子どもが行動したくなる環境を用意しよう

　乳幼児期は、感覚器官が育つ大事な時期です。五感（視覚・聴覚・嗅覚・味覚・触覚）のほか、皮膚感覚（温覚・冷覚・痛覚・圧覚など）、平衡感覚などが育ち、さまざまな刺激を受けて脳や神経の成長につながります。「見て」「触れて」「確かめて」「試して」みたくなる環境をたくさん用意してあげましょう。
　0歳児クラスを受け持って、半年が過ぎました。一人ひとりの子どもたちの発達を理解し、アタッチメントの関わりができてきたころです。子どもたちは、安心して信頼して登園してくるようになっています。さわやかな秋空の下、全身の感覚器官を使う遊びを、いっしょに楽しみましょう。

● 探索行動が活発にできる環境が大切

　まずは、子どもの見ている目線の先を察して、言葉を沿えて共感し合いましょう。そのためには、一人ひとりの子どもの表情や動き、しぐさを観察することです。
　まだ言葉を発していない0歳児の子どもでも、感情や意思がちゃんとあります。子どもが初めて「見るもの」「触れるもの」「○○なもの」、全てが初めての体験です。
　なにに興味があり、どう行動したがっているのかを理解しましょう。探索行動がたくさんできる環境が大事です。

新要領・新指針の視点で 10月の保育ピックアップ

保育者や幼児のまねが増えてきたら、言葉を引き出すチャンス

保育者や幼児クラスのまねが増えてくるこの時期。
この機を捉え、言葉を引き出すチャンスにする。

子どものホンネ「大好きな先生と同じにしたい！」

〈子どもは保育者をよく見ている〉

　歌やスキンシップ遊び、触れ合い遊び、絵本の読み聞かせなどから、言葉や語彙（ごい）が広がります。大好きな保育者のまねをしたいので、保育者のことをよく見て、聞いています。
　ところどころいっしょに音を発したり、手を動かしてみたり、踊りも体全体でまねしてきます。いっしょにできるおもしろさがわかると、「もっかい（もう1回）」と催促してきます。

〈「もっかい」に応えよう〉

　同じことを何回もできる保育者になりましょう。お互いに目と目を合わせ、表情を見ながら楽しみましょう。「いないいないばぁ」「高い高い」「ぎったんばっこん」「さかさんぼー」「ぐるりんぱ」「待て待てー」「ボールポーン」「ままごとごっこ」……。
　「もっかい」の言葉や表情が出たら、「もう1回？」と言いながら、応えます。「…ったん…っこん」「……ばー」など、語尾をまねして言うので、何度も繰り返して遊びましょう。

〈頼りになる幼児の存在〉

　幼児クラスの活動を見に行き、やりたそうにしていたら、できる範囲で仲間に入れてもらいましょう。
　幼児が遊んでいる様子を見たり、遊んでいるおもちゃに触れさせてもらったりすることで、お兄ちゃんお姉ちゃんに興味をもちます。幼児にとっても、乳児たちと触れ合うことは貴重な経験になるでしょう。互いに触れ合うことのできる環境は、とても大切です。
　幼児が造形活動をしながらイメージを表現する言葉や、「ペタペタ」「ギュ〜」などの擬音語を聞くなかで、言葉が育まれます。

10月 月案

今月の保育のねらい
- 外遊びの後は石けんで手を洗い、清潔に過ごせるようにする。
- 体を動かす楽しさを感じながら、運動面の発達を促していく。
- 語彙が広がるよう歌や絵本、遊びなどでたくさん言葉かけをする。

	子どもの姿	ねらい	内容と配慮・環境（養護）	内容と配慮・環境（教育）
Aちゃん（0歳9か月）	●ずりばいができるようになり、興味のある所へ移動する。 ●よく声を出して遊ぶ。 ●お座りが安定してくる。 ●人見知りで泣くことがある。	◇楽しい雰囲気で、嫌がらずに着脱をする。 ◇顔の汚れもこまめに優しく拭き、清潔にする。 ◇体を清潔にして、ゆったりと気持ちよく過ごせるようにする。 ◆ずりばいで移動し、好きな物を手に取って遊ぶ。 ◆たくさん声を出し、おしゃべりをする。 ◆散歩に行き、どんぐりや落ち葉に触れる。 ◆高月齢の友達の遊びを見てみる。	◇熱、機嫌、皮膚、便の状態、睡眠、食欲などの視診をしっかりと行う。 ◇子どもの様子をよく見て、おむつが汚れていることに早く気づき、交換をしていく。 ◇着脱を嫌がるときは、保育者の膝に座らせるなど、気分を変えてみる。 ◇家庭での体調の変化も保護者に確認する。	◆友達といっしょに手遊びや歌を楽しみ、手をたたいたり、声を出したりする。 ◆自分から興味をもって、いろいろな物を見たり触れたりできるように配慮する。 ◆自由に動いても、危険のないようにする（なんでも口に入れてしまうので、誤飲の恐れのある物は手の届く所に置かない）。 ◆友達といっしょに過ごし、いろいろな人と触れ合っていく。
Bちゃん（1歳4か月）	●友達とおもちゃの取り合いが見られる。 ●穴に物を入れようとする。 ●ボールを転がしたり、積み木を崩したりして遊ぶ。 ●「ぱぱ」「にゃんにゃん」とお話しする。	◇おむつ交換を安心して行う。 ◇トイレに遊びに行ってみる。 ◇ズボンやおむつを脱ごうとすることを促す。 ◇手や口をタオルを使って自分で拭くようにする。 ◆絵本を指さし、「わんわん」など言葉を言う。 ◆散歩に行き、季節の物に触れる。 ◆体をたくさん動かして遊ぶ。 ◆絵の具や積み木で遊ぶ。	◇他のクラスがトイレに行っているのを見るなどして、子どもが「行ってみたい」と思うのを待つ。 ◇着脱時、子どもがズボンに手をかける姿を見つけたら、優しく声をかけて応援する。 ◇食事の前などに、自分のタオルで手を拭いてみる。 ◇汗をかいたり汚れたりしたら着替えをし、清潔に気持ちよく過ごす。	◆いっしょに絵本を見ながら、指をさしたり物の名前などを言葉にして伝えたりする。 ◆天気のよい日には散歩に行き、どんぐりや落ち葉などに触れてみる。 ◆追いかけっこや、ボールを転がす、投げるなどして、戸外でたくさん体を動かす。 ◆他のクラスの活動を見に行き、興味をもったらいっしょに行う（上のクラスから刺激を受ける）。

行事予定

- クラス懇談会
- 身体測定
- 避難訓練
- 啐啄(そったく)の集い

※啐啄の集い…47ページ参照。

◇…養護面のねらいや活動内容　◆…教育面のねらいや活動内容

食育	家庭との連携
●離乳食を意欲的に食べる。 ●咀嚼(そしゃく)や口、舌の動きに注目し、硬さや大きさを調節する。 ●かみ切れない食材や、飲み込めない物は、すりこぎですりつぶして与えてみる。 ●食材を少しずつ増やしていく。 ●様子を見て、フォローアップミルクに切り替える。 ●コップに口を添えて、舌を動かしながらゴックンができる。	●身近にある物の誤飲の危険を伝えていく。特に家庭では、タバコや薬、金属類などの誤飲が多いことを伝える。 ●離乳食の進み具合を聞いて、ゆっくり進めていく。 ●園で好きなおもちゃを伝えながら、家庭でよく遊ぶおもちゃ（音の出る物・転がる物など）を教えてもらい、情報交換していく。

●主に手づかみで、時々スプーンやフォークを使って食べる。 ●保育者がかんでいる様子を子どもに見せる。 ●好き嫌いの食材も出てくるが、保育者がいっしょにおいしく食べることで、抵抗感を減らしていく。 ●食前食後の手拭き、顔拭きを自分でやってみる。	●園での遊びや発達の様子を懇談会などで伝える。 ●友達とのおもちゃの取り合いなどのぶつかり合いも、大切な関わりであることを伝えていく。

保育資料

【戸外遊び】
散歩、たくさん歩く。
ボール、砂、滑り台。

【室内遊び】
室内滑り台、見立て遊び、積み木、シール、箱太鼓、マラカスで遊ぶ。

【表現・造形遊び】
リズム体操、描画をする。

【絵本】
・じゃあじゃあびりびり
・だるまさんが　・くつくつあるけ
・おべんとうばこのうた

【うた】
・大きなくりの木の下で
・パンダうさぎコアラ
・どんぐりころころ
・とんぼのめがね

職員間の連携

●遊びを通して、一人ひとりの運動面の発達を促すことができるように話し合いをする。
●子どもたちに優しく語りかけたり、発声や喃語(なんご)、指さしに応えたりして、発語への意欲を育てることのできる環境づくりを確認する。

自己評価の視点

Aちゃん（0歳9か月）

●安心できる保育者という存在を仲立ちとして、いろいろな人との関わりをもてるようにしたか。
●態度や発声に優しく応え、言葉で気持ちを代弁しながら子どもに共感できたか。

Bちゃん（1歳4か月）

●発達に合った遊びの場を提供し、成長を促すような働きかけができたか。
●子どもといっしょに保育者も思いきり体を動かし、楽しさを共感することができたか。

11月

月案 p82
週案・日誌 p88
保育の展開 p90

子どもの姿と保育のポイント

● 天気のよい日は外に出よう！

　天気のよい日はできるだけ園庭に出たり、散歩に行ったりしましょう。古くから「泣く子には空を見せよ」と言われるように、子どもたちは泣いていても外に出ると泣きやみます。それほど子どもには、外は心と体の栄養の元になるのです。

　低月齢児は、だっこやバギーで外に出ましょう。高月齢児は靴を履いて、たくさん歩いて探索行動しましょう。天気のよい日や砂場で遊ぶときなどは、はだしでも大丈夫です。はいはいやつかまり立ちのできる子も、土の上や草の上に下ろして遊べるようにしましょう。

● 子どもが見つけたものに共感することが大切

　足裏、足指への刺激は、脳の感覚器官へとつながります。暖かい日はたくさん外に出て、子どもたちが見つけたものにいっしょに共感しましょう。そばにいる保育者が、一人ひとりをしっかり見て、うなずいたり、認めたり、ほめたりする共感の場が、なにより大切なひとときであり、保育者への信頼感、安心感につながっていきます。

　子どもたちが散歩で見つけた小石、葉っぱ、どんぐり、小枝などを大事に持って帰り、言葉を添えて保護者に伝えるのもいいでしょう。「○○ちゃんは今、小石に興味をもっています。見つけると拾っては、しっかり握っているんですよ」などと話すと、家庭でのコミュニケーションの広がりにもつながります。

新要領・新指針の視点で

11月の保育ピックアップ

保護者の「一日保育者体験」
～いつもの子どもの姿を保護者に見てもらう

子どもといっしょに一日を園で過ごすことで、
園でのいつもの子どもの様子を見てもらえる機会に。

子どもたちの人気者「父ちゃん先生」「母ちゃん先生」

〈年に1回、一日を園で過ごす〉

　1年に1～2回、保育参観やクラス懇談会を行う園が多いと思います。園での子どもの様子を見たり、園と保護者が情報交換し合ったりする場ですが、数時間の体験なので互いに緊張し、いつもどおりの保育や子どもたちの姿が見られないことが多くなりがちではないでしょうか。
　当園では、毎年「一日保育者体験」を行っています。保護者は、年に1回、仕事が休みの日や有給休暇などを使って参加し、わが子のクラスに入って、8:30～16:00まで子どもたちといっしょに過ごします。その日はみんなの先生になり、「父ちゃん先生」「母ちゃん先生」と呼ばれます。

〈特別ではない普段の様子を〉

　一日をいっしょに過ごすことで、クラスの普段の子どもたちの姿が見られます。父母それぞれが参加すると、60名定員の園では年間100名前後が参加することになります。日々、だれかの父ちゃん先生、または母ちゃん先生が園にいるわけです。もちろん、給食やおやつもいっしょに食べます。
　午睡時間を利用して、45分間、お茶を飲みながら担任や給食担当の職員と情報交換し合える時間もあります。

● 保護者にも好評の「一日保育者体験」

　日ごろ忙しい保護者ですが、園でいっしょに過ごすことで、たとえ子どもが一日離れずだっこで過ごしたとしても、集団のなかでのわが子の姿や、わが子を取り巻く友達関係、保育者の関わり方などがよく見えてくるものです。
　自分の子どもだけを見るのではなく、他の子どもの様子を知ることで、子育ての参考にしてもらいながら、園の理解者にもなってもらえる機会を活用しましょう。

11月 月案

今月の保育のねらい
- 朝夕の気温に合わせて、こまめに衣服を調節し、健康に過ごす。
- 興味のある所や素材、物に触れながら、探索活動を楽しむ。
- 造形的な遊びや音遊び、リズム遊びを楽しむ。

	子どもの姿	ねらい	内容と配慮・環境 養護	内容と配慮・環境 教育
Aちゃん（0歳10か月）	●表情や態度で排泄を知らせる。 ●はいはいで移動している。 ●午前睡をあまりしなくなる。 ●友達のおもちゃを取ろうとする。 ●「まんまんまん」と話している。	◇保育者の膝に座らせて、楽しい雰囲気でズボンをはかせる。 ◇食事の前後に、手や口を清潔にする。 ◇排泄をしたら、こまめにおむつ交換をする。 ◆おしゃべりをたくさんする。 ◆物を出したり、絵本をめくったりする。 ◆音の出るおもちゃで遊ぶ。 ◆砂に触れてみる。 ◆高ばいやつかまり立ちをする。	◇全身の視診をする（熱、便、機嫌、食欲、皮膚の様子）。 ◇よく動くので、パンツ式おむつに切り替えるなどして、スムーズにおむつ交換をする。 ◇動きに合わせて声をかけながら、ゆったりと着脱をする。 ◇鼻水や咳、緩い便が続くときには、受診を勧める。 ◇水道で手を洗ったり、柔らかいタオルで手を拭いたりして清潔にする。	◆「バイバイ」と手を振ったり、手遊びや歌を楽しんだりして、声をたくさん出す。 ◆容れ物から出すことを楽しむなど、興味をもった物で遊ぶ。 ◆砂を口に入れないように注意して見守り、冷たさやさらさらした感触などを味わう。 ◆友達のしていることや持っている物に興味をもち、時々取り合いもするので、やりとりを見守っていく。
Bちゃん（1歳5か月）	●たくさん歩いたり、小走りをしたりする。 ●靴下を自分で引っ張って脱いでいる。 ●犬やボールを指さして、「わんわん」「ぼー」と言う。 ●一語一語がはっきりしてくる。 ●保育者の声かけにうなずいたり、首を振って応えたりする。	◇おむつ交換を安心して行う。 ◇おまるに興味をもつようにする。 ◇ズボンやおむつを脱ごうとするのを見守る。 ◇水道で手を洗おうとする。 ◆登る、降りる、走るなど、たくさん体を動かす。 ◆いろいろな音を出して遊ぶ。 ◆ボールを転がしたり、蹴ってみたりする。	◇おむつを自分でロッカーから持ってきたら、ほめて認める。 ◇おまるに座りたがるようになったら座らせてみる。 ◇子どものペースに合わせ、できたところを認めながら着脱をしていく。 ◇保育者や友達が手を洗っている姿を見て、まねをしてみる。 ◇気温の変化に応じて、衣服の調節をしていく。	◆物の名前だけでなく、子どもの行動もできるだけ言葉にして伝えていく。 ◆天気のよい日は散歩に行き、街の様子を見たり、公園内を歩いて、落ち葉、草花に触れたりして遊ぶ。 ◆手作りのマラカスや太鼓など、いろいろな音の出る物を身近に置く。

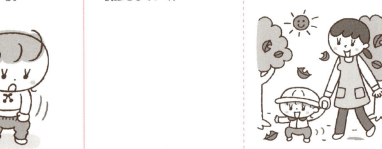

> 📀CD ROM ▶ 📁月案 ▶ 📄11月_月案

行事予定

- ●バザール
- ●身体測定
- ●健康診断
- ●避難訓練
- ●啐啄(そったく)の集い

※啐啄の集い…47ページ参照。

保育資料

【戸外遊び】
高月齢児…散歩、まてまてごっこ、砂遊び。
低月齢児…4人乗りバギーに乗って散歩。

【室内遊び】
小麦粉粘土、広告紙、シール、積み木、ボール、室内滑り台で遊ぶ。

【表現・造形遊び】
手作り楽器（マラカス、太鼓）で遊ぶ。
描画（水性カラーペン、クレヨン、絵の具を使って）をする。

【絵本】
・きゅっきゅっきゅっ
・がたんごとんがたんごとん
・どうすればいいのかな？
・まるまるころころ

【うた】
・グーチョキパー
・やきいもグーチーパー

◇…養護面のねらいや活動内容　◆…教育面のねらいや活動内容

食育	家庭との連携
●もぐもぐして離乳食を食べる。 ●フォローアップミルクを補う程度に与える。 ●あまり、もぐもぐしていないときには少しつぶしてから与えるなど、形状に気を配る。 ●10時の麦茶を、コップでゆっくり1口ずつ飲んでみる。 ●手づかみで食べる意欲があるときは、見守りながら口に入れる量を考えて介助する。 	●着脱のしやすい衣服（上下に分かれた衣服）に替えてもらう。おむつの補充をお願いする。パンツ式に替えてもらう。 ●かぜの症状が出始める時期。せき・鼻水などの症状が出始めたら、早めに受診するように伝える。 ●離乳食が順調に進んでいるか、家庭での食材や味付け、大きさ、硬さなどを聞きながら進めていく。まだ早すぎる食材をあげているときは、アドバイスしていく（牛乳、カレー、揚げ物など）。 
●主に手づかみだが、スプーンやフォークも使って食べる。 ●自分でコップを持って、あまりこぼさずに飲めるようになる。 ●自分のタオルがわかり、自分で口の周りを拭く。 	●気温の変化を見ながら、布団や着替えを調節してもらう。 ●ペットボトルのマラカスなど、家庭でも簡単に作れる手作りおもちゃを紹介する。 ●靴のサイズが合っているか確認する。小さくなっていたら、替えてもらう。 

職員間の連携

- ●発達を促すために、どのような素材・環境が必要かを話し合う。
- ●自然物を使った手作りおもちゃなど、自然を身近に感じられる物をクラスに準備する。

自己評価の視点

Aちゃん（0歳10か月）

- ●誤飲やけがなど、予測される危険について話し合い、対応することができたか。
- ●体力、体調に無理のない過ごし方ができたか。

Bちゃん（1歳5か月）

- ●聞き取りやすい話し方、正しい発音で語りかけていたか。
- ●いろいろな歌や手遊び、楽器やリズムに触れる環境作りができたか。

月案	p86
週案・日誌	p88
保育の展開	p90

子どもの姿と保育のポイント

● 暖かい日は外でたくさん遊ぼう！

　たくさん歩けるようになった子どもが増えてきて、子どもたちは室内より外に出たがります。外には、探索意欲を刺激するものがたくさんあるからです。

　外では幼児クラスの子どもたちの遊びを見たり、まねしたりすることもたくさんできますし、固定遊具に登ったり、すべったり、ぶら下がったりして遊べます。砂場では、さまざまな容器やシャベルなどの用具を使って遊ぶことができるようになります。

　じっくり考えて遊んでいる姿を見守りながら、言葉を添えて子どもたちの思いや発見に寄り添いましょう。

　ただし、肌寒い日は室内で過ごすようにしましょう。幼児と違って、動き回って体が温まるほど動きが活発ではないので、冷えてしまいます。寒い日は、室内でたくさん体を動かす遊びを取り入れましょう。

● 遊んでいる姿を撮影しておこう

　そんな子どもたちの姿を、撮影しておくといいでしょう。カメラ目線の子どもの姿ではなく、集中して遊んでいる姿を、手元や表情が伝わるように、子どもの視線の高さで撮りましょう。

　4月からの一人ひとりの写真を、壁面に掲示したり、おたよりに添えたり、行事の際に紹介するのもよいですね。

　また、日ごろ撮った写真を、保育者同士の話し合いの場などで見せ合い、子どもへの視点、援助の力の入れどころ、その子への思いなどを汲み取る学びに活用することも大事です。

12月の保育ピックアップ

保護者といっしょに歌や遊びを披露する キラキラパーティーに参加する

全クラス参加のキラキラパーティー（9:00～11:30）で
保護者といっしょに歌や手遊びをして楽しむ。

楽しいひとときとなるクリスマス会のような行事

〈和やかな会で成長を認め合う〉

日ごろの保育で大好きな歌や手遊び・リズム体操・触れ合い遊びを親子でいっしょに行い、楽しいひとときを過ごす行事として、12月にキラキラパーティーを行います。

0歳児クラスも、保護者といっしょに、今大好きな歌や手遊びなどを、みんなの前でうたったり行ったりします。

お客様に見せるための練習などは必要ありません。園の節目節目にある行事に保護者に参加してもらうことは、その時どきの子どもの姿を見てもらうことに意味があります。子どもの発達や成長するステップの段階を、保育者と保護者が認め合い、共感し合う場にしましょう。

寒い時期の室内遊び

外に出られない日も、室内で十分に体を動かして遊びましょう。

- ●リズム体操　→保育者のまねをしながら体を動かす。
- ●ボール　　　→大小のボールを、投げたり転がしたり入れたりして遊ぶ。
- ●段ボール箱　→押したり、物を入れたり、中に入ったりして遊ぶ。
- ●巧技台　　　→10～20cm内の高さを上り下りしたり、ジャンプしたりする。
- ●広告紙　　　→カシャカシャと音を楽しんだり、引っ張ったり、破いたり、描いたりして遊ぶ。
- ●室内滑り台・室内トンネル・クッション
　　　　　　　→アスレチックふうに、組み合わせて置いたもので遊ぶ。

12月 月案

今月の保育のねらい
- 楽しい雰囲気で着脱を行い、やってみようとする気持ちを促す。
- 動きやすい衣服を心がけ、健康な体作りをする(着すぎない)。
- 音遊びやリズム遊び、手遊びなどを、友達といっしょに楽しむ。

	子どもの姿	ねらい	内容と配慮・環境 養護	内容と配慮・環境 教育
Aちゃん（0歳11か月）	●つかまり立ちをする。 ●柵につかまって横に伝い歩きをする。 ●絵本を広げて見る。 ●友達とのおもちゃの取り合いが見られる。 ●「ばばば」「ままま」と話している。 ●自分の名前が呼ばれるとうれしそうにしている。	◇嫌がらずにおむつ交換をする。 ◇楽しい雰囲気のなかで着脱をする。 ◇食事の前後に、手や口を清潔にする。 ◆おしゃべりをたくさんする。 ◆ボールを転がす。 ◆伝い歩きをたくさんする。 ◆水性カラーペンやクレヨンに触れる。 ◆友達に興味をもち、いっしょに過ごす。	◇全身の視診をする（熱、便、機嫌、食欲、皮膚の様子）。 ◇便が硬くて泣くことがあるので、おなかのマッサージをしたり、体勢を変えたりして便を出しやすくする。 ◇保育者の膝に座ったり、好きなおもちゃを持ったりしながら、楽しい雰囲気のなかで着脱をする。 ◇体調が悪いと機嫌も悪くなるので、子どもの様子の変化にも注意する。 ◇手を拭いたり、洗ったりするのを嫌がることが多いので、うたいながら楽しく行う。	◆好きな手遊びや歌を見つけたりしてたくさん遊ぶ。 ◆天気のよい日には、戸外にもたくさん出て体を動かす。 ◆つかまり立ちの状態から、興味のあるおもちゃを手にしようと移動してみる。 ◆転倒、けがには十分注意して見守る。 ◆水性カラーペンやクレヨンは、口に入れても安全な物を用意する。 ◆押されたり、おもちゃを取られたりする経験も大切にする。

Bちゃん（1歳6か月）	●音楽を聴いて体を動かしている。 ●自分で帽子をかぶる。 ●おもちゃの取り合いで、友達をたたくことがある。 ●「まま、いったった（行っちゃった）」と二語文が出る。 ●自分の名前が呼ばれると「はい」と手を上げて返事をする。 ●友達の名前や友達の物がわかる。	◇おまるや便器に座るよう誘う。 ◇おむつやズボン、靴を自分で履こうとする。 ◇水道で手を洗うようにする。 ◆二語文をたくさん話す。 ◆階段の手すりにつかまり、歩いて登る。 ◆クレヨンで紙に描く。 ◆友達といっしょに歌をうたったり、リズム遊びでまねっこをしたりして楽しむ。	◇「すっきりしたら気持ちいいね」などと声をかけて、気持ちを共感しながら楽しい雰囲気でおむつ交換をする。 ◇やりたい、やってみたい気持ちを大切にして、焦らず見守る。 ◇保育者や友達が手を洗っている姿を見て、まねして洗う。 ◇おもちゃは毎日消毒し、インフルエンザやノロウイルスなどを予防する。	◆言葉での関わりを多くもち、発達を促していく。 ◆危険のないように見守り、「登れたね」と自分でできた達成感を味わえるようにする。 ◆好きな体勢で、自由にのびのびと手を動かして絵を描くことを楽しめるようにする。 ◆室内でも思いきり体を動かして遊べる環境を作る。 ◆保育者といっしょに、友達との関わりを増やしていく。

> 📀 ▶ 📁月案 ▶ 📄 12月_月案

行事予定
- きらりごっこ（祖父母を招き、歌や手遊びを披露する）
- キラキラパーティー（父母を招き、歌や合奏、劇などを披露する）
- 身体測定
- 避難訓練

保育資料

【戸外遊び】
高月齢児…散歩、まてまてごっこ。
低月齢児…4人乗りバギーに乗って散歩。

【室内遊び】
見立て遊び、段ボール箱、室内アスレチック、布（ハンカチ、バンダナ）で遊ぶ。

【表現・造形遊び】
リズム遊び、音遊び、手遊びをする。
クレヨン、水性カラーペンを使って描画をする。

【絵本】
・ぴかぴかおてて　・てんてんてん
・みんなでんしゃ　・くだものぱっくん

【うた】
・ぱんやさん
・ごんべえさんの赤ちゃん

◇…養護面のねらいや活動内容　◆…教育面のねらいや活動内容

食育	家庭との連携
●食べる意欲を大事にし、手づかみ食べと、保育者の介助を並行していく。 ●食材や味など、保育者が言葉を添えながら、いっしょに楽しく食べる（「お豆腐おいしいね」「お肉あぐあぐしようね」など）。 ●咀嚼（そしゃく）の様子と食べ具合を確認しながら、食材の大きさ、硬さなどをチェックする。 	●手づかみで食べることの意味や大切さを伝える。 ●食べられる食材が増えてくるので、家で食べている食材をアンケートに記入してもらう。 ●園内で感染性の病気が発生したときは、速やかに保護者に伝える。 ●天気のよい日は、冬でも園庭遊びや散歩に行くので、薄手のフードなしジャンパーを持ってきてもらい、気温の変化に対応していく。 
●手づかみ食べと並行して、スプーンやフォークを使って食べるよう促していく。 ●一人でコップを持ち、こぼさずに飲むことができる。 ●食事前や食事中に、「にんじんあったね」「マーボー豆腐おいしいね」などと子どもの目線を読み取って言葉を添える。 ●食前食後に、手や口の周りを自分で拭くよう促す。 	●好き嫌いのある食材が出てくるので、家庭ではどうしているか、園ではこうしているといった情報交換をする。 ●家庭でも「やりたい」「やってみたい」の気持ちを大切にし、達成感、満足感を味わえるよう伝えていく。 ●天気のよい日は、冬でも園庭遊びや散歩に行くので、薄手のフードなしジャンパーを持ってきてもらい、気温の変化に対応していく。 ●園で好きな歌や手遊び、絵本、遊びなどを知らせる。 

職員間の連携

- 気温の低い日の過ごし方（服装や戸外遊びの時間など）について、共通理解をもつ。
- 感染性の病気について対策を話し合い、対応する（インフルエンザ、ノロウイルスなど）。

自己評価の視点

Aちゃん（0歳11か月）
- おもちゃの消毒に気を遣い、感染予防に努めることができたか。
- 気温や湿度に配慮しながら、遊びや室内環境を整えることができたか。
- 体調の変化に早く気がつくよう、心がけたか。

Bちゃん（1歳6か月）
- 気温に合わせて衣服の調整をするなかで、薄着を心がけることができたか（戸外に出るときは、上着を1枚着るなど配慮する）。
- 室内でもたくさん体を動かせる遊びをし、元気に過ごせるよう配慮したか。

週案・日誌

10月 第2週　園児名 C夫 (低月齢児)　0歳9か月

前週の子どもの姿
- はいはいで活発に移動している。
- 友達の持っているおもちゃが気になり、取ることが多い。
- 保育者の歌に合わせて体を揺らしたり、高い声や低い声を発したりしている。

今週のねらい
- 体調の変化に注意して、室温・湿度を調整していく。
- 天気のよい日は、園庭で遊んだり、散歩に行ったりする。
- 室内にマットの斜面や手作り階段を用意し、はいはいをたくさん促す。

◇…養護面のねらいや活動　◆…教育面のねらいや活動

計画

養護・遊び・言葉・運動・興味

◇着脱しやすいように、自分で手足を動かそうとすることを促す。
◇はいはいなどで汚れた手で、顔（特に目や口）を触らないように見守る。
◆保育者の声かけや呼びかけに反応し、喃語をたくさん発声するので、一語文を促していく。
◆斜面や手作り階段を、はいはいで上り下りしたり、柵や保育者につかまり立ちをしたりする。
◆いろいろな素材（布、広告紙、空き容器、積み木、砂など）に触れ、見て、確かめて、試す遊びをたくさん取り入れる。
◆箱太鼓、音積み木、マラカスなど、振ったりたたいたりして音の出るおもちゃや楽器に触れて遊ぶ。

環境および援助のポイント

◇顔に砂や泥がついたときにすぐに拭けるよう、タオルを持っておく。
◇着脱は、声をかけながら、子どもの動きに合わせて行う。
◆丸めたマットや手作り階段を置いて、斜面や階段を用意し、興味や意欲を誘う。横に落ちないよう見守る。
◆音の出るおもちゃや楽器は、子どもが鳴らす音に合わせてオノマトペ（擬音語）を入れて遊ぶと、よりおもしろがる。また、保育者が歌をうたいながらおもちゃや楽器を鳴らして、体を揺らしてリズムに乗れるように誘う。

日誌

	8日(月)	9日(火)	10日(水)	11日(木)	12日(金)	13日(土)
食事	離乳食を手づかみで食べ、完食する。	食後のお皿を目の前に置くと、手でひっくり返す。	食後のフォローアップミルクもよく飲む。	食事途中で眠ってしまうので、フォローアップミルクで補う。	離乳食完食。ひと口ずつゆっくり食べるよう促す。	欠席（保護者休日）
排泄	おむつを外すと、すぐ動き出す。午睡後排便あり。	昼食後、おむつに排便。	排尿をたっぷりしている。食後、良便が出る。	おむつを外すと、喜んではいはいで逃げ出す。	「シーシー出たかな？」の声かけでおまるに座ってみる。	
着脱	保育者の膝の上で、パンツ型おむつとズボンを履く。	上着の着替えで、「ばんざーい」と言うと、両腕の力を抜く。	着脱を嫌がらず、スムーズになってきた。	保育者の膝の上での着脱を喜んでいる。	「ばんざーい」という言葉がわかり、脱ぎやすくしている。	
健康	股が赤くなっている（ワセリンで保湿）。	股の赤さが少し引いてきた。	手作り階段に腹ばいで挑戦している。	つかまり立ちで、一瞬手を放している。	爪が伸びている。股はきれいになる。	

今週の気づき

- よく食べ、よく遊び、よく動いて元気いっぱいに過ごしていた。
- 友達が持っているおもちゃに興味があり、取ろうとする姿がまだ続いている。同じおもちゃでも人が持っている物が欲しいようである。
- 両足の運びがよく、体を支えるバランスもよいので、一人立ちができそうである。

週案日誌 ▶ P089_週案日誌

10月 第2週　園児名 D子（高月齢児）1歳5か月

前週の子どもの姿
- 手遊びや歌が好きで、体を揺らしたり、手拍子したりする。
- 「わーわん（わんわん）」などとはっきり言える。
- 水性カラーペンやクレヨンに興味をもち、紙の上で押しつけている。

今週のねらい
- ズボンを履いてみようとする姿が見られたら見守る。
- 園庭の滑り台や砂場でたくさん遊ぶ。
- 幼児クラスといっしょに散歩に行く（近くの公園）。
- 歌や手遊び、音の出る楽器などで体を揺らして遊ぶ。

◇…養護面のねらいや活動　◆…教育面のねらいや活動

		8日(月)	9日(火)	10日(水)	11日(木)	12日(金)	13日(土)
計画	養護・遊び・言葉・運動・興味	◇排泄時の子どもの変化に気づき、おむつ交換を行う。 ◇ズボンに自分で足を入れてみたくなるように促していく。 ◆帽子をかぶって外で過ごす（園庭、散歩など）。砂遊びの充実（シャベルや容器を用意する）。固定遊具の滑り台（乳児用）に挑戦する。 ◆秋の自然に触れ、落ち葉や木の実を見たり、触れたり、集めたりしながら、公園内を探索する。 ◆歌やリトミック、リズム体操をまねることが楽しくなってきたので、保育者といっしょに体を動かして繰り返しを楽しむ。 ◆幼児クラスの描画や造形的な遊びに興味をもつようなら入れてもらい、触れてみる。					
	環境および援助のポイント	◇子どものしぐさや態度から、排泄していることに気づいたら、子どもがわかるように声をかけ、おむつ交換をする。 ◇園庭では靴を履くよう促すが、はだしを好むならはだしで遊ぶようにし、足拭きタオルなどを用意しておく。 ◆幼児クラスの散歩日にいっしょに行けるようにする。自然物を見つけて拾う楽しさに共感したり、危険な物を知らせたりする。 ◆「もっかい（もう1回）」やりたいという意思を見せたときは、何回でも歌や手遊びを繰り返し、おもしろがることに共感する。 ◆午前中はたくさん体を動かして遊ぶので、午後はゆったりと、膝の上で絵本を見たり、スキンシップ遊びを取り入れたりする。					
日誌	食事	うどん汁を飲み干し、具や麺を遊びながら食べている。	高野豆腐を完食。ひじき煮はご飯と混ぜて食べる。	ほうれん草は手でこねて、食べない。かじきご飯と汁物完食。	大根の煮物を手でつぶす。好き嫌いがはっきりしている。	フォークを使ってから揚げと春雨サラダを食べる。	欠席（保護者休日）
	排泄	排便しても、気にせず遊んでいる。	「出てる?」と聞くが、笑って、遊び出す。	排尿の間隔は長いが、出ていても知らせずにいる。	排尿間隔は長いが、おむつにたっぷり出ている。	「おしっこ出た?」と聞くと、「はーい」と答える。	
	着脱	ズボンを差し出すと足を入れようとする。	上着の袖を持っていると、腕を引いて脱ごうとする。	袖を引っ張ると、自分で手を抜いて、「ばあー」と言う。	袖から手が出ると、「ばあー」とうれしそうにしている。	ズボンを引っ張り、足を入れている。	
	健康	鼻水	鼻水 午前中せきが出る。	鼻水 寝つきが悪く、ぐずって泣く。	鼻水 ささいなことですぐ泣く。	鼻水 家で風邪薬服用。	

今週の気づき
- 後半、体調が少し悪くなってきているようで、ささいなことで大泣きすることが多かった。
- カップを重ねたり、おもちゃ同士を積み重ねたりすることを楽しんでいる。
- 保育者の言葉をまねたり、「おいちい」「ばっちい」などの単語が言えるようになってきた。
- 園庭の滑り台で滑ることができた。

10・11・12月　保育の展開

10・11・12月 保育の展開

環境設定
園外の自然や環境に親しみながら、発達に沿った遊びを用意する

10月

1歳未満
- バギーに乗って園庭や散歩に出る。幼児クラスの散歩に合わせていっしょに行き、遊んでいる姿を見ることで刺激を受ける。
- 草の上をはいはいして草花に触れてみる。初めて触れるときの表情をしっかり観察して言葉を添える。

1歳～1歳6か月未満
- 歩ける子は、靴を履いて園庭や公園を歩く。
- つかまり立ちやはいはいのできる子も外に出て、砂や泥などに触れてみる。
- なにに興味があり、触れて、確かめているか、子どもに寄り添いながらいっしょに共感する。
- 公園のどんぐりや松ぼっくりなどの木の実を見つけると手のひらに握りしめる（口に入れないよう見守ることが大切）。

1歳6か月以上
- 園庭・散歩・室内でも幼児クラスの活動や生活に興味津々なので、歩けるようになった子、興味をもった子は入れてもらうようにする。
- 絵の具やシール・土粘土などの造形遊びは、幼児クラスの活動に参加することで、自然に親しめるようになる（絵の具などを口に入れてしまった場合、すぐに洗い流すなど対応する）。

11月

1歳未満
- 幼児クラスのままごと遊びや描画（水性カラーペン・絵の具）などの静的遊びを見に行く。「触れて・試して」みたくなる初めての環境に出会う。
- 使わなくなったプラスチック製の皿やおたまなど、本物を使用する。
- 周りで他の子がやっていることに興味をもつ。

1歳～1歳6か月未満
- 異年齢児との関わりで、好奇心旺盛な子どもへと育つ環境が自然とできる。
- 入れたり出したりを繰り返すおもちゃを用意する（パスタ容器にペットボトルキャップを繋げたものを入れる）。
- 絵本などをめくって見る。手作りの布絵本など。

1歳6か月以上
- 幼児クラスの活動で興味をもった造形遊びを、0歳児のみ、または1歳児クラスに混ざってじっくり遊んでみる。筆跡や足跡が残る絵の具や水性カラーペンの描画、シール遊びなどをいつもの部屋で行うことで、安心感と集中力が見えてくる。描く行為ではなく、水性カラーペンの蓋や紙などの道具、用具、色などに興味をもつ子もいるので、その興味を受けとめるようにする。

- さまざまな自然物に触れたり、散歩で街並みの様子を見たりするなかで、言葉を添えていく。
- 個々の表情や行動をしっかり見て、発達に合った環境を用意する。

12月

- さまざまな素材やおもちゃ、人との関わりなどに興味をもつ。
- 初語や一語文などをたくさん発する時期。保育者は、その子の思いを言葉で代弁したり、歌や絵本で言葉を広げたりする。
- 特に音を言葉で表す"オノマトペ"はおもしろがってまねしやすい言葉なので、擬音語・擬態語をたくさん使ってみるようにする。

- 近くにいる子の遊びに共感し、隣に並んで同じ遊びをする。意識して振る・たたくことで、音に興味をもつ。また、いっしょに歌ったり体を揺らしたりして、リズムに乗り、動きをまねようとする。

- 皿などを並べて、物を入れて遊ぶようになる。「ちょうだい」と声をかけると、「どうぞ」と渡してくれることもある。積む・並べる遊びからイメージを広げる。

10・11・12月 保育の展開

10・11・12月　保育の展開

健康　衣服を調整し、体の抵抗力を高める

秋から冬への、季節の変わり目のこの時期は、体調管理が難しい時期です。
体温調節も難しくなってくるので、できるだけ薄着を心がけ、皮膚を丈夫にして体の抵抗力を高めましょう。

衣服の調節は薄手のもので

少し肌寒くなると、保護者が子どもに厚着をさせようとして、すぐに半袖から長袖、厚手の衣服にして登園してきます。
朝夕は寒くても、日中は汗ばむほどの日ざしになることもあります。着替えに、半袖や薄手の衣服も用意してもらいましょう。ジャンパーはフードやひものない、薄手のものを用意してもらい、散歩時に着用しましょう。
元気があっても鼻水が出ることがあるので、ポケットティッシュを必ず携帯し、いつでも鼻を拭けるようにします。

処置の仕方マニュアル

おう吐

2mは周囲に飛沫が飛び散っています。保育者の連携とスピード対応が大切です。

＊事前に、おう吐や下痢処理のための蓋付きのバケツセットを用意しておく（各部屋、またはトイレ付近など）。

〈保育者A〉
○周りにいる子どもをその場から離す。

〈保育者B〉
①汚物がついた子どもの衣服をビニール袋に入れ、床にこぼれたおう吐物を全て覆って拭き取る。また、おう吐物の周囲1〜2m範囲全てを、捨て雑巾（次亜塩素酸ナトリウム〈塩素系〉を薄めたものをつける）で拭き取る。

＊必ず使い捨てのエプロン、手袋、マスクを身に着けて行う。

下痢

おむつからあふれるほどの水様便が出ることがあります。小児科を受診する場合、便の状態も見る場合があるので、下痢便の付いたおむつはビニール袋に入れ、保護者に渡します。

〈保育者A〉
○周りにいる子どもをその場から離す。

〈保育者B〉
①使い捨てマットの上でおむつ交換をし、お尻拭きできれいに拭き取る。

＊必ず使い捨ての手袋を着用。

🌸 かぜやインフルエンザの症状（せき・鼻水・熱）が出始める季節です

　急な気温の変化に体がついていけず、自分で衣服の調節ができない乳児期。体温調節は大人が対応します。室内外の気温や湿度を常にチェックしましょう。

　初期のインフルエンザは、かぜの症状と似ていますが、せき、鼻水、高熱、機嫌が悪いなどの症状が見られたら、保護者に小児科への受診を勧めてください。

🌸 ウイルス性胃腸炎（おう吐・下痢）も出始めます

　季節の変わり目は体が順応できず、さまざまな病気を発症します。特におう吐や下痢は、体力を消耗したり、体重が減ったりします。

　園で1回でもおう吐や下痢の症状が出たら、すぐに保護者へ連絡しましょう。処置の仕方も、保育者間で共通理解をもち、役割分担をして素早い対応をすることが必要です。

　また、昼食も下痢対応の食事に代えます。

10・11・12月　保育の展開

②拭いた雑巾や身に着けたエプロンなどを全て、ビニール袋に入れて密封し、バケツに捨てる。

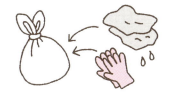

③入念に手を洗う。換気をする。
④保護者や主任に連絡する。

お尻が赤く荒れている場合は、タオルをお湯で蒸らし、やさしく拭いたあと、ワセリンなどで皮膚を保護する。

②拭いた雑巾や身に着けたエプロンなどを全て、ビニール袋に入れて密封し、バケツに捨てる。
③入念に手を洗う。換気をする。
④保護者や主任に連絡する。

月案	p96
週案・日誌	p106
保育の展開	p108

子どもの姿と保育のポイント

随時入園してくる0歳児クラス

4月入園の子は、ほぼ1歳を過ぎています。ただし、随時新入園児の受け入れもあり、低月齢児が途中入園してくることもあります。

園や保育者に慣れてきた子どもたちも、新入園児が泣いていると、保育者をとられた気持ちになり、一時的にですが不安定になることもあります。園に慣れている子どもと、途中入園で不安定な子どもと、どちらも安心できるような環境を用意することが大切です。

歩けるようになった子は、どんどん1歳児クラスといっしょに遊び、新入園児は保育者との一対一の関わりからスタートします。保育者同士の連携で、役割分担をしっかりしていきましょう。

片づけ方を知らせる

子どもたちは、おもちゃや生活用品の置き場所を把握しています。「遊ぶ」「使う」「片づける」までを、1つの遊び、生活の流れとして捉え、子どもたちに知らせていくことが大切です。

保育者が「ないないしようね」と声をかけながら、いっしょに片づけることを繰り返しましょう。大好きな人のお手伝いをしたい、自分でやりたい、子どもたちはそんなふうに思っています。まねするなかで、自然に片づけが身についていきます。

また、自分でできた達成感を、周りにいる保育者にほめられ、認められることは、満足感と自信につながります。

新要領・新指針の視点で 1月の保育ピックアップ

自己主張が始まる時期 自我の芽生えを育てる

「だだこね」や「△△デハナイ、○○ダ」の行動が見られる時期。
そんな子どもの姿にしっかり向き合う。

▌ 言うとおりにしなくなるのは自我の芽生え ▌

〈「だだこね」は「わがまま」？〉

子どもは、成長の過程で「○○はイヤ！××がいい！」「自分でやる！」「できない！やって！」と、態度や言葉（一語文）で訴えてくる時期があります。自己主張の発揮です。大人（親や保育者）の言うとおりにはしなくなる時期です。

乳児にも、人間としての意思や思いがきちんとあります。これをわがままと捉えず、自我を形成していく行為や行動であると理解して向き合うことができるのが「保育のプロ」です。

〈子どもの意思を尊重して〉

だだこねを頼もしさと受けとめ、それにきちんと向き合える保育者は素敵です。子どもにしっかり応答しましょう。

「○○にする？ それとも△△にする？」と選択肢を与え、選んだ方を尊重してあげるとよいですね。物の取り合いになったときなど、ときには時間をおいて見守り、子ども自身が気持ちを切り替えることができたら、うんとほめてあげるのもよいでしょう。

「子どもの心を知る」「子どもの心に寄り添う」いつもこの言葉を大事にして、保育に取り組みましょう。

● かみつき行為への対応

自分の気持ちを言葉で表現できない時期、自己主張の発露として、かみついてしまう子もいます。そのときの思いをていねいに受けとめ、かみつきに至らせないことが大切です。かみついた子にもかまれた子にもその気持ちを代弁して、かんだ子には、かまれたら痛いことを繰り返し伝えます。かみつきが出始めたときには保護者に伝え、家庭での様子を聞きましょう。

0歳児のかみつきは、コミュニケーションの一部であることが多いのですが、相手を傷つける行為でもあり、トラブルの原因にもなります。事前におたよりなどで伝えておくようにしましょう。

1月 月案

今月の保育のねらい
- 気温に合わせて衣服調節し、戸外に出る。
- 暖かい日には、外気浴や散歩に出かける。
- 保育者や友達のまねをしながらやりとりを楽しむ。

	子どもの姿	ねらい	内容と配慮・環境 養護	内容と配慮・環境 教育
Aちゃん（1歳0か月）	●伝い歩きをたくさんする。 ●はじめの一歩が出る。 ●友達に興味をもち、顔をのぞき込んだり、たたいたりすることがある。 ●はいはいでボールを追いかける。 ●「まままま」「ばばば」と喃語や一語文が出ている。	◇薄着を心がけ、体調に合わせて衣服の調節をする。 ◇つかまり立ちでおむつやズボンの着脱をする。 ◇外から帰ったら、手を洗う。 ◆「まんま」「わんわん」など単語をまねして言う。 ◆手遊びや歌を楽しむ。 ◆クレヨン、水性カラーペンを握ってみる。 ◆探索行動をしながら、触れて確かめる。	◇全身の視診をする（熱、便、機嫌、食欲、皮膚の様子）。 ◇便が硬く出にくいときは、マッサージや水分を与えるなどして様子を見る。 ◇つかまり立ちでの着脱を嫌がるときは、無理せず今までと同じように着脱する。 ◇手洗いが楽しくなるように「あわあわね」などと声をかける。	◆物を指さして、いろいろな単語を伝えていく。 ◆気に入る手遊びや歌を見つけ、繰り返し楽しんでいく。 ◆クレヨンや水性カラーペンは口に入れても安全な物を用意する。 ◆自由にのびのびと手を動かせる環境で、紙などを用意する。 ◆他のクラスの活動を見に行ったり、暖かい日は園庭に行ってみたりする。
Bちゃん（1歳7か月）	●滑り台などの遊具で喜んで遊ぶ。 ●ズボン、靴を履こうとする。 ●おもちゃの取り合いをしたり、笑い合ったりする。 ●単語が増え、積極的になにかを伝えようとする。	◇おまるや便器に喜んで座る。 ◇おむつやズボンを一人で脱いでみることを見守る。 ◇一人で手を洗ってみるようにする。 ◇手や口を自分で拭く。 ◆一語文、二語文をたくさん話す。 ◆ボールを蹴る。 ◆水性カラーペン、クレヨンでなぐり描きをする。 ◆シールをはがす、貼る。 ◆友達や保育者のまねをする。	◇タイミングよく排尿できたときには、喜びを共感する。 ◇着脱でつかえてしまうところは介助し、残りは一人で行って達成感を味わえるようにする。 ◇外から帰ったら、進んで水道に行って手を洗おうとする。 ◇食事の前後に、タオルで自分で手や口を拭いてみる。	◆言葉での関わりを多くもち、まねしやすいようはっきりと子どもに伝わる話し方をする。 ◆蹴って転がったボールを追いかけ、体を動かすことを楽しむ。 ◆好きな体勢で、自由にのびのびと手を動かして描く（大きな紙、段ボールなどにも描いてみる）。 ◆友達のしていることに興味をもってまねをする。同じ遊びを通して関わりを深める。

> CD-ROM ▶ 月案 ▶ 1月_月案

行 事 予 定

- ●身体測定　●避難訓練　●啐啄（そったく）の集い

※啐啄の集い…47ページ参照。

◇…養護面のねらいや活動内容　◆…教育面のねらいや活動内容

保育資料

【戸外遊び】
園庭（ボール、滑り台）、
散歩（バギーに乗って公園へ、手をつないで歩いて公園へ）をする。

【室内遊び】
段ボール、積み木、ままごと、ボール、
室内滑り台、巧技台で遊ぶ。

【表現・造形遊び】
描画（クレヨン、水性カラーペン、絵の具など）をする。
シール、広告紙、小麦粉粘土で遊ぶ。

【絵本】
・ママだいすき　・だっこべんとう
・どんなおと？　・くだもの

【うた】
・ゆき　・とんとんとんとんひげじいさん
・犬のおまわりさん　・おんまはみんな
生活の歌（おやつの歌、給食の歌）

食育	家庭との連携
●離乳食から幼児食へ移行する（家庭で食べた食品を確認しながら進める）。 ●毎日、食べ具合を確認しながら、栄養士・調理師と連携し、情報交換して進めていく。 ●手づかみで意欲的に食べることを見守り、咀嚼（そしゃく）・嚥下（えんげ）の様子を見る。 ●スプーンを持たせてみる。 ●食べ具合を見ながら、フォローアップミルクまたは牛乳で補っていく。	●家庭で新しく取り入れた食品は伝えてもらう。 ●離乳食から1歳食に移行するときは、食べ具合や、便の状態を情報交換し合う。 ●流行性の病気が疑われるときは、速やかに受診してもらう。 ●園で流行し始めた病気は早めに伝え、症状や治癒証明書の有無も伝える。 ●家庭での好きな歌、絵本、おもちゃ、遊びを教えてもらう。

●「いただきます」「ごちそうさま」の挨拶をまねする。 ●「給食の歌」「おやつの歌」をいっしょにうたい、ところどころまねをする。 ●少しずつ、手づかみ食べからスプーン、フォークを使って食べるよう促す。食具で食べたときはほめる。 ●苦手な食材を落とすことや、遊び食べが出てくるが、見守ったり、注意を促したりする。	●甘えやこだわりが出てきて、できたことができないときや、やりたくないときもあるため、焦らず見守ることを伝える。 ●子どもがよくするしぐさ、よく言う単語を伝え合う。 ●トイレのおまるで、排尿・排便が出たときは、保護者に伝える。 ●今大好きな歌や絵本などを、保護者に伝える。 ●園で流行し始めた病気は早めに伝え、症状や治癒証明書の有無も伝える。

職員間の連携

- ●子どもの体調の変化について伝え合い、無理のない活動を計画する。
- ●かみつきが出始めた子どもがいたら、周知する事項として情報交換し、未然に防ぐことを心がける。

自己評価の視点

Aちゃん（1歳0か月）

- ●1歳の誕生日を迎え、身体や心の発達面が順調に育っているか、援助や促し方を振り返る。
- ●伝い歩きや一人立ちに意欲が出るよう、興味をひく環境を用意することができたか。

Bちゃん（1歳7か月）

- ●子どもの興味や探索行動に寄り添い、発達を観察しながら、環境を提供できたか。
- ●友達や保育者のまねや、やりとりをしながら、語彙（ごい）を増やすような働きかけができたか。

月案 p100
週案・日誌 p106
保育の展開 p108

子どもの姿と保育のポイント

冬の自然や街並みを体験しに外へ出かけよう

薄手のジャンパーを着て、園庭に出て歩いたり、近くの公園まで幼児クラスと手をつないで散歩に行ったりしましょう。

園庭の霜柱を踏んで歩く、氷や雪に触れる、冬の街並み（商店街、消防署、電車など）を見るなど、さまざまな場面に出会うことができます。地域の街並みを楽しんだり、行き交う人々と挨拶をしたりしながら、子どもの目線の先を追い、興味をもった物に共感してあげましょう。

子どもたちは保育者と違う視線で周りの世界を見ています。「こんなところを見て、こんなところに興味があったんだ」と、驚かされることもあります。そのような気づきを大切にして、子どもへの理解を深めていきましょう。

自分のもの、友達のものがわかる

2月ごろになると、ロッカーや靴箱に付けてあるマークを、自分のものだけでなく友達のマークまでわかるようになります。自分のものはもちろん、「○○ちゃんの」と言ってロッカーから友達のおむつを持ってくる子もいます。給食時にも、友達のタオルやエプロンがわかり、「はい」と渡す姿が見られます。保育者のまねをして配っているのです。

相手の名前は言葉で言えなくても、名前と顔を一致させて理解しています。「○○ちゃんに渡してね」と言うと、ちゃんと持っていきます。

言葉や行動をまねしたくなる時期です。子どもたちの見本となる言葉や行動を意識していきましょう。

2月の保育ピックアップ

1年間の集大成「造形展（生活展）」で子どもたちの成長を確かめ合う

1年間の子どもの活動を写した写真や、子どもの作品の展示を通して、子どもの成長を保護者と認め合う。

■ 園生活のさまざまな様子の写真や作品の展示で、子どもの育ちを伝える

1年間の集大成として、子どもたちが成長した足跡を、生活や活動の記録を通して保護者とともに認め合う場を設けましょう。

0歳児クラスでは、日頃遊んでいるおもちゃや工夫のある手作りおもちゃなどを展示したり、離乳食の段階の紹介、描画やシール貼りなどの作品展示をしたりします。

子どもが「見て」「触れて」「試して」「確かめて」いる行為を、作品や写真を見ながら保護者に伝え、子どもたちの育ちを実感するよい機会としましょう。

基本的生活習慣を身につけよう

〈排泄・トイレトレーニング〉

午睡明けなどにおむつがぬれていないことが増え、排尿間隔が長くなってきたら、トイレに行き、おまるに座るよう促してみましょう。一人歩きができる1歳半前後を目安にして誘います。

まずは、1歳児クラスの友達が行くときにいっしょに行き、場所を知ることから始めます。おまるや便器に座り、「ちっち出てこーい」と声をかけ、保育者がふんばる表情を見せます。出なくても「また来ようね」と声をかけ、座ることに慣れさせていきます。

偶然でも排尿できたら、「おしっこ出たね」「ちっち出たね」などと、出たことを言葉と便器の中を見て確認し、「すっきりしたね。気持ちいいね」と、ほめましょう。

〈遊んだあとやトイレのあとの手洗い〉

1歳前後になると、水に手を差し出し、両手をこすり合わせて、洗う行為ができるようになります。遊んだあとや出かけたあと、トイレのあとは、しっかり手を洗いましょう。

「きれいきれいしようね」「ピカピカになったね」などと言葉を添えて、いっしょに洗う動作をしましょう。仕上げは保育者が行ってください。

2月 月案

今月の保育のねらい
- 友達がおまるに座る様子を見たり、自分でも座ってみるように促す。
- 友達といっしょにいることを喜び、触れ合って遊ぶ。
- 体を動かし、発達に合った運動機能を伸ばしていく。

	子どもの姿	ねらい	内容と配慮・環境 養護	内容と配慮・環境 教育
Aちゃん（1歳1か月）	●時々一人で立とうとする。 ●保育者が近くにいると、安心していろいろな場所へはって行く。 ●靴下を引っ張って脱ごうとする。 ●手遊びをまねして、手を動かすときがある。 ●「まんま」「わんわん」とよく言っている。	◇他の子といっしょにトイレまで行く。 ◇つかまり立ちでおむつ交換をする。 ◇靴下を引っ張って脱ぐ。 ◇水道で手を洗う。 ◇嫌がらずに手や口の周りを拭いてもらう。 ◆「ぶーぶ（車）」「にゃんにゃん」など単語が増える。 ◆歌、絵本を楽しむ。 ◆土粘土、段ボールなど新しい素材に興味を示す。	◇全身の視診をする（熱、便、機嫌、食欲、皮膚の様子）。 ◇トイレに行く友達の様子を見るなどして、トイレの空間に慣れる。 ◇「足上げようね」などと声かけをし、子どものタイミングに合わせて着脱をする。 ◇保育者や友達のまねをして、自分で脱いでみようとする。 ◇「気持ちいいね」「きれいになったね」と洗った手を見て伝え、共感する。	◆絵本や実物を見ながらゆっくり、はっきりと話しかけ、物の名前を伝える。 ◆子どもの手の届く所に絵本を置き、好きなときに取り出して見ることができるようにする。 ◆興味のある方へはって行き、つかまり立ちをしたり、気になる物に触れたりする。 ◆友達がおもちゃや物に触れているところを見て、新しい素材に興味をもつので、触れられるようにする。
Bちゃん（1歳8か月）	●ボールを蹴る、小走りをする。 ●ズボン、おむつを自分で脱ぐ。 ●絵本を指さし「わんわん」「がおー」と言う。 ●「まま、いったった」など二語文が出る。 ●友達に関心をもち、近づくことが増える。	◇おまるや便器に喜んで座るようにする。 ◇おむつやズボンを自分で履こうとすることを見守る。 ◇一人で手を洗ってみるようにする。 ◇タオルを使って手や口を拭く。 ◆二語文をたくさん話す。 ◆平均台、滑り台に挑戦する。 ◆土粘土に触れてみる。 ◆段ボールに入る、くぐる。	◇誘われると喜んでトイレに行く。おまるで排尿することもある。 ◇できないところは介助し、ゆっくり見守る。 ◇「できた！」という気持ちに共感する。 ◇保育者も横で手を洗い、洗っている様子を見せる。 ◇自分で拭いているときは見守り、仕上げ拭きをする。	◆子どもの問いかけにきちんと応え、会話を楽しむ。 ◆室内でもたくさん体を動かす。巧技台からジャンプするなど、発達に合わせて遊具を使用する。 ◆他のクラスの活動を見に行き、興味をもった物に触れてみる。 ◆友達といっしょに段ボールの中に入り、揺れたり動いたりする楽しさを共有する。

行事予定

- 身体測定
- 避難訓練
- 節分の集い
- じこうっこ造形展
- 健康診断

※じこうっこ造形展…1年間の活動や子どもの作品を展示する造形展。

◇…養護面のねらいや活動内容　◆…教育面のねらいや活動内容

保育資料

【戸外遊び】
園庭（ボール、滑り台）で遊ぶ。
散歩をする。

【室内遊び】
洗面器に入れた雪に触れる。
ボール、広告紙、滑り台、ままごと、リズム遊び、音遊びで遊ぶ。

【表現・造形遊び】
土粘土、小麦粉粘土、段ボール、シール、描画（水性カラーペン、クレヨン、絵の具など）で遊ぶ。

【絵本】
・あぶくたった　・ぽぽぽぽぽ
・おやおや、おやさい　・みんなでね

【うた】
・あがりめさがりめ　・ゆき
・まめまき　・グーチョキパーでなにつくろう

食育

- 手づかみ食べと並行しながら、スプーンを持って食べるよう促していく。
- コップを両手で持って飲むよう促す。
- いろいろな食材を、よくかんで食べる。
- 「かぼちゃもぐもぐ、おいしいね」などと食材の名前を時々言いながら、楽しい雰囲気のなかで、いっしょに食べる。

- 主にスプーン、フォークを使って食べる。
- 食材に好き嫌いが出てくるが、無理強いせずに、保育者がおいしそうに食べている姿を見せる。
- 食前食後、自分のタオルで口や手を拭くよう促していく。できたときはほめる。
- 「いただきます」「ごちそうさま」の挨拶をまねる。

家庭との連携

- 保育者や友達を見て、まねしたことなどを伝え、子どもの興味に目を向けてもらう。
- 歩行に向けて、できるだけはいはいや、伝い歩きで体を動かすような関わり方を伝える。
- はじめの一歩が出たときは、保護者といっしょに喜び合う。
- 1歳食がスムーズなことを伝え、牛乳やカレーライスなども、家庭で食べているかを確認しながら進めていく。
- 造形展で話をし、子どもの成長を確認し合う。

- 少しずつ、トイレトレーニングや着脱を促し、おまるに座ったり、自分で着脱したりできたときは保護者に伝える。また、"自分でやりたい"意思があるときは、時間を作って見守る（待つ）大切さを伝える。
- 家庭での食事の様子、好き嫌い、園での食べ具合などを情報交換していく。
- 友達との関わりの様子を具体的に伝える。
- 造形展で、1年間の成長をいっしょに確認し合う。

職員間の連携

- 子ども同士の関わりのなかで起こるけがを想定し、保育者の関わり方や立ち位置を話し合う。
- 月齢が進んだことで、発達に合わせた素材（土粘土、小麦粉粘土、段ボールなど）の使い方を話し合う。

自己評価の視点

Aちゃん（1歳1か月）

- さまざまな素材に触れて、刺激を受けることができる環境を用意できたか。
- 排泄などにおいて、一つひとつの発達を、無理なく促すことができたか。

Bちゃん（1歳8か月）

- 興味を示した素材から、発達に合わせた遊びを広げていくことができたか。
- 寒さに負けず、天気のよい日には戸外遊びを中心に活動をしたか。

月案	p104
週案・日誌	p106
保育の展開	p108

子どもの姿と保育のポイント

人を育てる土台の時期の関わり方を再確認しよう

0歳児保育は、子どもが人として育つ基盤（土台）になります。この時期の関わり方で子どもたちの将来が変わっていくほど、日々の保育が重要な役割を担っています。

0歳児は、体も心も脳もぐんぐん育ち、さまざまなことを吸収していく時期です。まずは私たち保育者が、子どもの姿を見て、かわいい、おもしろい、頼もしい、愛おしいと思う心が大切です。そして、一人ひとりの興味や関心に寄り添い、発達に合わせたおもちゃや環境を提供し、その子に合った言葉かけをする必要があります。年度末にあたり、0歳児保育の重要さを保育者間で再確認しましょう。

1年間の保育を振り返り、次年度の準備を

3月は、進級の準備や引き継ぎとともに、1年間の保育を振り返る大切な月でもあります。

保育の場で大事にしている信頼感や連携についても、保育者同士で以下の点を話し合ってみましょう。

・子どもと保育者との信頼関係ができ、安心できる環境を提供できたか。
・保育に協力してくれた保護者との信頼関係は築けたか。
・いっしょに保育した複数担任の仲間（パート保育士も含む）や給食室の栄養士、調理師との連携は保てたか。
・幼児クラスの保育者と、活動内容の共有や協力ができたか。

子どもと保育者、そして職員同士の「輪・和・話（わ・わ・わ）」を大切にしながら、よりよい保育を目指して次年度へつなげましょう。

3月の保育ピックアップ

異年齢児と関わって遊べる環境を用意する

幼児クラスに協力してもらい
異年齢児と触れ合える環境を用意して、いっしょに遊ぶ。

■ 異年齢児との関わりで、憧れや意欲の芽生えを ■

　5歳児クラスに協力してもらい、5歳児と触れ合う活動を取り入れてみましょう。いっしょに手をつないで散歩に行く、幼児クラスのお店屋さんごっこに0歳児クラスが遊びに行くなど、0歳児クラスの子が無理なく参加できる活動を設定しましょう。
　0歳児クラスの子は、5歳児クラスに憧れの気持ちをもち、なんでもまねしたがります。5歳児クラスの遊びや生活を見て、「自分もやってみたい」という意欲が芽生えます。

　各クラスの日案や活動内容を見て、1～5歳児クラスまで、さまざまな年齢のクラスといっしょに遊びましょう。
　幼児にはいたわりや優しい心が育まれ、乳児は身近なお兄さんお姉さんに憧れや大好きな気持ちをもちます。そんな活動は、子どもたちの成長に役立つものとなるでしょう。
　大勢の子どもたちがいる場所を嫌がる子には無理強いせず、その光景をだっこで見ているだけでも大丈夫です。

❀ 個の遊びを充実させられる環境を用意しよう ❀

〈手指を使って、じっくり遊ぶ〉

　積み木を積み上げたり、重ねたり、並べたり、器に入れたり……。1つのおもちゃでも、一人ひとりの子どもの興味、好奇心はさまざまです。それぞれの子どもたちが今どんな行為をしているのか、じっくり観察してください。
　入れる、出す、落とす、崩す、つなげる、かぶる、載せる、投げる、集める、貼る、はがす、破る、引っ張る、転がす、振る、たたく……。
　それらの行為を、思う存分満足できる遊びやおもちゃを提供し、子どもたちの興味や発見に寄り添うようにしましょう。

3月 月案

今月の保育のねらい
- 外遊び後、自分で水道へ行き、手を洗おうとする姿を見守る。
- 指さしや喃語で自分の気持ちを表現する。
- 友達や異年齢児との関わりをもって遊ぶ。

	子どもの姿	ねらい	内容と配慮・環境 養護	内容と配慮・環境 教育
Aちゃん（1歳2か月）	●2、3歩を一人で歩けるようになる。 ●ボールを転がそうとする。 ●友達といっしょの時間を喜んでいる。 ●絵本を読んでもらうのを、座って聞くことがある。 ●見た物を指さして、一語文をたくさん発する。	◇トイレ付近でおむつ交換をしたり、おまるに座ってみるように誘ったりする。 ◇着脱時、保育者の声かけに反応して手足を動かしてみることを促す。 ◇タオルで手を拭こうとする。 ◇水道に行くと、自分から手を伸ばすようにする。 ◆絵本をめくって指さす。 ◆室内をたくさん歩く。 ◆探索行動をたくさんする。	◇おむつを外すとトイレに入ろうとしたり、おまるや便器に興味をもったりする。 ◇着脱時には「おてていないいないばぁ」「足入れてね」と優しく声かけをし、楽しい雰囲気で行う。 ◇自分で手を拭こうとする姿を見つけたら、焦らず見守る。 ◇保育者といっしょにせっけんで手を洗い、清潔にする。	●知っている物を指さして声を出す。 ●喃語に対して、物の名前を言葉で返す。 ●階段の上り下りをするなど、肩や足腰の筋肉をよく使う遊びを多くする。 ●はいはいで室内を探索しながら、いろいろな物に興味をもって触れたり、気に入った物で遊んだりする。 ●全身を使う物に興味をもち、保育者といっしょに滑り台などをしてみる。

	子どもの姿	ねらい	養護	教育
Bちゃん（1歳9か月）	●積み木を重ねようとする。 ●一人でズボンを履ける。 ●友達に話しかけたり、いっしょに笑ったりする。 ●二語文、三語文が増える。	◇おまるや便器に喜んで座る。 ◇靴を自分で履いてみるのを見守る。 ◇手洗い後、一人で手を拭いてみるようにする。 ◆言葉で意思を伝達する。 ◆土粘土に触れる。 ◆散歩に行く。 ◆砂場で容器やシャベルを使って遊ぶ。	◇誘われると喜んでトイレに行き、時々排尿できるようになることをいっしょに喜ぶ。 ◇座って靴に足を入れようとしたり、できるところまで一人でやってみたりするのを見守る。 ◇手洗い後、拭き残しがあると荒れやすいので、注意する。	●「いや」「いいよ」と言葉で伝えることができる。 ●土粘土に触れることに慣れてきたら、握ったり、ちぎったりして感触を確かめていく。 ●天気のよい日は外で体を動かすようにする。 ●幼児クラスのお兄さん、お姉さんに遊んでもらうことで、刺激を受ける。

104

行事予定

- 身体測定
- 避難訓練
- ひなまつりの集い
- お別れ会（卒園児との交流会）
- 卒園式

◇…養護面のねらいや活動内容　◆…教育面のねらいや活動内容

保育資料

【戸外遊び】
園庭（歩く、ボール、滑り台、砂）で遊ぶ。
散歩（幼児クラスといっしょに歩く、遊ぶ）をする。

【室内遊び】
ままごと、布、お手玉、洗濯ばさみ、空き容器、巧技台、室内アスレチックで遊ぶ。

【表現・造形遊び】
小麦粉粘土、
わらべうた遊び、リズム体操をする。

【絵本】
・あなたはだあれ？　・ビビビビビ
・はらぺこあおむし
・うしろにいるのはだあれ

【うた】
・うれしいひなまつり　・ちょうちょう

食育

- 主に手づかみで食べているが、少しずつスプーンやフォークを使うよう促していく。
- 食前、食後、口の周りや手を拭くのを促し、仕上げは保育者が行う。「きれいに拭けたね」などと言葉を添える。
- 時々こぼすこともあるが、一人でコップを持って飲めたときは、「自分で飲めたね」などと言葉を添える。

- スプーンやフォークを使って食べる。
- よくかんで食べる。
- 嫌いな食べ物も、繰り返し試してみる。
- 「給食の歌」「おやつの歌」を保育者や友達といっしょに楽しんでうたう。
- 自分のタオルや友達のタオルがわかり、自分で拭く。

家庭との連携

- 体を使う好きな遊びを伝え、楽しく全身を動かせるようにする。
- 歩き始めなので無理せずゆっくり待つこと、はいはいの有効性を伝える。
- 保護者の協力と、家庭との連携のもと、1年間過ごせたことに感謝の気持ちを伝える。
- 進級に向けて、準備する物（用意する物）を伝える。

- かみつきが出てくる時期であることを事前に伝え、起きてしまったときは、そのときの様子をていねいに報告する。
- 異年齢児と関わることの大切さや、関わっているときの様子を伝える。
- 保護者の協力と、家庭との連携のもと、1年間過ごせたことに感謝の気持ちを伝える。
- 進級に向けて、準備する物（用意する物）を伝える。

職員間の連携

- 保育環境で危ないと感じた場所を再確認し、共通認識をもって安全な環境作りをする。
- 1年間の保育を振り返り、子どもの成長を確認するとともに、次のクラスへの引き継ぎをしていく。

自己評価の視点

Aちゃん（1歳2か月）

- 歩くことを急がず、一つひとつていねいに段階を踏んで発達を促すことができたか。
- 友達と関わりがもちやすいように働きかけができたか。

Bちゃん（1歳9か月）

- 保護者とのコミュニケーションがしっかりと図れていたか。
- 子どものしぐさや声かけにきちんと反応し、自己表現の喜びを受けとめることができたか。

週案日誌 ▶ P106_週案日誌

2月 第3週　園児名 C夫 (低月齢児) 1歳1か月

| 前週の子どもの姿 | ●離乳食から1歳児食になり、よく食べている。
●リズム曲や歌が聞こえると、体を揺らしている。
●口に手を当てて、「あわわわわー」を何度も繰り返している。 | 今週のねらい | ●楽しい雰囲気で着脱をし、最後まで落ち着いて行う。
●手づかみ食べと並行してスプーンなどの食具に興味をもつ。
●天気のよい日は、靴を履いて外に出て探索する。
●寒さに留意しながら、動きやすいよう衣服の調節を行う。 |

◇…養護面のねらいや活動　◆…教育面のねらいや活動

		18日(月)	19日(火)	20日(水)	21日(木)	22日(金)	23日(土)
計画	養護・遊び・言葉・運動・興味	◇つかまり立ちのまま、落ち着いておむつ交換が行えるようにする。 ◇帽子に慣れるよう、繰り返しかぶらせてみる。 ◆いないいないばぁ手遊びなど、保育者といっしょにやりとりを楽しむ。「もっかい」と、満足するまで遊ぶ。 ◆歩くことが楽しくなり、行動範囲が広がってくるので、いっしょの目線で、言葉を添えたり、共感したりする。 ◆物（積み木、ブロック、おもちゃ、お手玉など）を落とす、入れる行為に応じて、器や袋、箱などを用意する。 ◆幼児クラスの製作活動（クレヨン、絵の具、粘土など）を見に行き、興味をもったら触れさせてもらう。					
	環境および援助のポイント	◇つかまり立ちの子どもはバランスを崩しやすいので、子どもの動きに合わせるように着脱をする。 ◆顔に手を当てる、顔に布をかける、段ボール箱やトンネルに隠れて「ばあ」をする、おもちゃ（人形や電車など）を保育者の後ろに隠して「ばあ」をするなど、いないいないばぁ遊びに変化をつけて、遊びのおもしろさを広げる。 ◆はいはい、伝い歩き、一人歩きなどが楽しくなるので、段ボール箱や巧技台、室内滑り台、手作り階段などを置いて、変化をつける。 ◆容器をいくつか用意し、どの素材、大きさを好むのか、物を落とす音に興味があるのかなどを観察し、それに合った素材を用意する。					
日誌	食事	手づかみでうどんを食べる。おわんをしっかり持ち、汁を飲む。	何度かスプーンを使って食べるが、手づかみ食べが多い。	ほうれん草は、一度口に入れるがすぐ出してしまう。	手づかみ、フォークを並行して食べる。	ご飯と味噌汁は、意欲的に食べる。おかずは遊び食べしている。	欠席（保護者休日）
	排泄	つかまり立ちで嫌がらずにおむつ交換をする。	食後、排便あり。排便後も遊んでいる。	つかまり立ちでおむつ交換をするが、すぐに歩き出してしまう。	おむつ交換時、遊びたくてぐずっている。	そのときの気分で、スムーズなときと、遊び出すときがある。	
	着脱	靴を嫌がらずに履く。帽子は、すぐ取ってしまう。	「ばんざーい」と言うと、脱ぎやすいようにする。	帽子を嫌がり、すぐとってしまう。	遊びたくて着脱に集中していない。保育者の膝の上で着脱。	厚着で登園。動きやすい衣服に着替える。	
	健康	鼻水は出ているが、元気に過ごす。	鼻水	鼻水が多く、そのつど拭く。	鼻水がたくさん出ている。	鼻水が続いていたが、熱はなく、元気。	
今週の気づき		●鼻水がずっと出ていたが、元気に過ごせた。室内でも園庭でも、よく動いて好奇心旺盛である。 ●1歳児食を手づかみでよく食べ、嫌いな物はテーブルの下に落としたり、手で遊んだりしている。食材の好き嫌いは気にせず、味に慣れるまで様子を見ていく。 ●ブロックを1つずつ持っては、おもちゃのおわんに入れ、いっぱいになると逆さにして落とすのを楽しんでいる。					

週案日誌 ▶ P107_週案日誌

2月 第3週　園児名 D子（高月齢児）1歳9か月

前週の子どもの姿
- 「自分でする」「今はいやだ」など、思いを表情や態度で表現している。
- 一度怒り出すと、納得するまで大泣きし、ゆっくり話すと落ち着く。

今週のねらい
- 着脱したい思いを受けとめ、ロッカーへの出し入れも促す。
- 要求を受けとめ、思いをしっかりと聞く。
- 幼児クラスの描画活動や、ままごと遊びに入れてもらう。
- 巧技台や乳児用平均台で遊ぶ。

◇…養護面のねらいや活動　◆…教育面のねらいや活動

		18日(月)	19日(火)	20日(水)	21日(木)	22日(金)	23日(土)
計画	遊び・言葉・運動・興味	◇靴下を自分で脱げるように声かけを行う。 ◇排泄したら「でた」と言葉で伝えたり、おむつを押さえるなど態度で知らせることができるよう、促していく。 ◆自分の思いや要求を、"泣く"から、言葉で言えるように促す。 ◆製作活動（クレヨン、水性カラーペン、絵の具、粘土など）は、幼児クラスを見に行き、興味があれば入れてもらう。 ◆室内でたくさん体を動かせるよう、室内アスレチックを作る〈上り下りする、滑る、ジャンプする（10～20cmの高さ）、くぐるなど〉。 ◆見立て遊び、ままごと遊びで、保育者や友達とやりとりを楽しむ（語彙を増やす）。					
	環境および援助のポイント	◇排泄時の子どもの変化に気づき、言葉で伝えられるように、代弁しながら応えていく。 ◆幼児クラスの描画活動を見に行くが、緊張したり、大勢の場所が苦手なときは、クラスに戻ってから、後日一対一の関わりで行う。 ◆巧技台や乳児用平均台など運動的な遊びは、発達に応じて高低差をつけ、足元にはマットを敷いておく。 ◆さまざまな空き容器（マヨネーズ、ヨーグルトカップ、ペットボトルなど）、お手玉、ままごと用のお皿、おわんなどを用意しておく。 ◆リズム体操、歌、手遊びなどで大好きな曲は繰り返し取り入れ、新しい曲も保育者自身が楽しく行うようにする。					
日誌	食事	フォークで食べようとして何度もすくい直している。	「豆やだ」と言い、食べない。他は完食。	うどんをおかわりして食べた。野菜を手づかみで食べる。	好きな物は食べるペースが早い（から揚げ、じゃがいも煮）。	「ちゃちゃ」と言って、麦茶を欲しがる。カレーライス完食。	欠席（保護者休日）
	排泄	午前中排尿がなく、食後、出ている。	排尿すると、「でたー」と言い、知らせることができた。	股を押さえて、排尿したことを知らせ、おむつを取りにいく。	力で便を出し、出しきると、走り回っている。	尿や便が出ると、表情が変わり、「でた」と知らせる。	
	着脱	自分の靴を友達が出してくれると、怒っている。	気分が乗ると、自分で着脱しようとする。	ズボンに足が入ると、引っ張り上げようとする。	靴下を自分で引っ張っているが、もう少しである。	「よいしょ」と言うと、まねして「よいしょ」と言う。	
	健康	髪が口に入るので、結ぶが、嫌がる。	家で右頬をぶつけて、赤くなっている。	肌がカサカサ乾燥している。かゆがっている。	食後眠くなり、ぐずって布団に入るが、また起き出す。	午睡前に保湿クリームをぬる。	
今週の気づき		●一語文、二語文がはっきり言えるようになった。保育者の言葉をすぐにまねしている（おうむ返し）。 ●要求に寄り添うことで、少しずつ大泣きが減ってきた。引き続き、自我の発露に向き合っていく。 ●保育者とままごと遊びを楽しんでいる。「おいしいね」と食べるまねをすると、何回も作っては渡してくる。					

1・2・3月 保育の展開

1・2・3月 保育の展開

環境設定
室内で快適に過ごし、感覚を育てる遊びを取り入れる

1月

1歳未満
- ボールや引っ張るおもちゃ・音の出るおもちゃで、寝返りやはいはい・つかまり立ちを誘う。
- ずりばいは、機嫌のよいときに腹ばいにして両足の足裏を支えると、蹴りやすくなる。前に動くことを体験させながら誘っていく。
- よつんばいや高ばいの時期も、腕力や全身のバランスが育つので、焦らずに見守る。

1歳〜1歳6か月未満
- 自我やだだこねが出てくるので、その思いをくみ取りながら、自分で切り替えができるよう、少し待ったり、その子の思いを言葉にして応えたりする。
- チラシをぎゅっと握り、破るなど素材の形を変えることを楽しむ。袋を用意しておくと、破ったチラシを入れる。

1歳6か月以上
- 5歳児と手をつないで近くの公園に行く。
- 遊びのやりとりから「〇〇あった」「〇〇いた」などの二語文が出てくる。
- 同じ色の物を並べるなど、色や形に興味が出てくる(壁面などに色形を意識した物を用意する)。

2月

1歳未満
- チラシやハンカチが、自分で握ったり、引っ張ったりすることで形が変わると気づく。保育者はその様子に共感していく。
- 保育者といっしょに紙や布で遊びながら、「クシャクシャ、ふわふわ」などの擬音語を楽しむことで、丸まったり、なびいたりする素材に興味をもつようになる。

1歳〜1歳6か月未満
- 水性カラーペンやクレヨン・絵の具などで描いたときの筆跡に興味をもち、腕を左右に大きく動かしたり、トントンと音を確認しながら紙の上に押しつけたりする。カラーペンの蓋や色にも興味をもつ。
- 絵の具の感触は、初めての体験。手や足につくのを嫌がる子もいれば、おもしろがる子もいるので、「初めての〇〇」をたくさん体験させる。

1歳6か月以上
- チラシなどを握って丸めたり、投げたりしようとする。
- ボールを蹴る、段差から下りようとするなど活発に動くので、危険がないように見守る。
- 自分の物がわかるので、靴箱などにマークを付けると自分で片づけようとする。

・気温と湿度を確認しながら暖房を利用し、室内では動きやすい衣服で、たくさん体を動かす。
・「見て、触れて、試して、確かめる」造形遊びを存分にする。

3月

- 5歳児に来てもらって触れ合うことで、互いに刺激し合う。
- 体を動かしたい欲求が増して、運動機能の発達につながっていく。
- 狭い場所に入ってみたがる時期なので、安全に入れる環境を用意していく（トンネル・段ボール箱など）。

- 異年齢活動を多く取り入れる（よく遊んでもらうお兄さんお姉さんの所へ、自分から行くようになる）。
- 幼児クラスの様子を見て、遊具に興味をもち、やってみようとする。
- 体をたくさん動かせるよう、室内でも巧技台などを使用する。

- 粘土をちぎる・のばす・丸めるなど指先を使って形を変化させることを楽しむようになる。
- 自分より小さい子に興味をもち、関わろうとする。
- 進級に向けて1歳児クラスに遊びに行き、環境に慣れる。

1・2・3月 保育の展開

1・2・3月 保育の展開

健康 冬の感染症の予防

乳幼児期は、1年中（春夏秋冬）だれかしら鼻水が出ています。鼻水だけ、せきだけだからと軽く見ず、数日続いたら小児科を受診するよう、保護者に声をかけましょう。
乳幼児期はこじらせると重症化することがあるため、注意しましょう。

かぜ症候群

鼻やのどなどにウイルスが付着して炎症がおこる病気を「かぜ症候群」と呼びます。鼻水、のどの痛み、せき、頭痛、発熱などの症状が代表的です。

代表的なウイルスと細菌に、インフルエンザウイルス、アデノウイルス、RSウイルス、マイコプラズマなどがあります。流行や重症化を防ぐためにも、症状が見られたら、保護者に受診を勧めてください。

ウイルス性胃腸炎

ウイルスの感染による胃腸炎が流行する時期です。感染源のウイルスには、ノロウイルス、ロタウイルス、アデノウイルスなどがあります。いずれも秋から冬に感染することが多い病気で、下痢、おう吐、発熱などの症状が現れます。

感染を避けるため、乳幼児に与える食べ物には、必ず火を通すようにしましょう。下痢やおう吐が見られたら、水分補給をして、脱水症にならないよう注意し、保護者に連絡しましょう。

予防が大切

基本的な予防策として、職員も10月ごろから始まるインフルエンザの予防接種を受けましょう。そして、手をよく洗い、うがいをすることが大切です。流行中は人の多い場所に行かないことを、保護者も職員も心がけましょう。

A型にかかったあと、B型にもかかる子もいます。また、予防接種をしていてもかかるときもあります。日ごろから生活リズムを整え、しっかり寝て、しっかり食べて、たくさん遊んで体を動かし、免疫力を高めるようにしましょう。

園で気をつけること

乳幼児が排泄した便から、家族や保育者が感染することもあります。特におむつ替えのあとは、よく手を洗う習慣を徹底してください。

おもちゃや部屋の壁などは、次亜塩素酸を薄めた物で拭きます。感染症が流行し始めたら、1日3回は徹底して行いましょう。

子育て支援

親子で集える機会を提供し、地域の子育ての拠点に

講師の先生を招いて、簡単なスキンシップ遊びやわらべ歌遊びを体験したり、防災講座を設けたりして、園や地域の親子が気軽に集える、子育て支援の拠点としての活動を行いましょう。

親子でリトミック遊びを楽しむ

土曜日を利用し、園と地域の保護者の行事として、親子で楽しめる場を設けます。

簡単なスキンシップ遊び（のぼるよコアラ・おおまめこまめ・きゅうりの塩もみ・おやさいいっぱいなど）をして、親子で体を揺らして遊びます。やさしい歌から入り、慣れていない親子も安心して楽しめるよう、配慮しましょう。専門の講師を招いて行うことで、よく知っている歌や新たな歌に親しめます。家に帰ってからも親子で遊べるようなものにしましょう。

同じくらいの月齢の親子といっしょに参加することで、保護者にも友達関係ができて、子育てが楽しくなる手助けにもなります。

防災の意識と知識を高める

「命を守る防災講座」の講師の先生を招いて、"自分の身は自分で守る""子どもを守る"方法を学びます。

①スライドを見て説明を聞く、②実技を受ける、③防災グッズに触れて必要性を感じてもらう、という流れで、防災に対する意識を高め、実用的な知識を教えてもらいます。

日頃から地域の方たちに情報を公開して、参加できる行事には参加していただく機会を作っておくことで、災害時など、いざという時に協力し合うことが自然にできるようにしておくことが大切です。

1・2・3月 保育の展開

●要領・指針の改訂（定）と指導計画 執筆　　（掲載順／肩書きは執筆時のもの）

寺田清美（東京成徳短期大学 幼児教育科 教授）

阿部和子（大妻女子大学 家政学部児童学科 教授）

鈴木八重子（元 文京区立保育園 園長）

●指導計画、保育の展開 執筆　　（肩書きは執筆時のもの）

社会福祉法人慈紘園 慈紘保育園

（園長 松山益代、主任 羽田野茂美）

カバーイラスト	カモ
カバー、CD-ROMデザイン	株式会社リナリマ
本文イラスト	坂本直子、町塚かおり、みさきゆい、もりあみこ
本文校正	有限会社くすのき舎
CD-ROM製作	株式会社ケーエヌコーポレーションジャパン
編集協力	株式会社エディポック、東條美香
本文デザイン・DTP	松崎知子、株式会社エディポック
編集	西岡育子、井上淳子、田島美穂、石山哲郎

役立つ！ 書ける！ 0歳児の指導計画
平成30年度施行 要領・指針対応　　　　CD-ROM付き

2018年 2 月　初版第 1 刷発行
2023年 1 月　　　 第 7 刷発行

著　者	0歳児の指導計画 執筆グループ
発行人	大橋 潤
編集人	竹久美紀
発行所	株式会社チャイルド本社

　　　　　〒112-8512　東京都文京区小石川5-24-21
　　　　　電話　03-3813-2141（営業）
　　　　　　　　03-3813-9445（編集）
　　　　　振替　00100-4-38410

印刷・製本　共同印刷株式会社

©Child Honsha Co.,LTD. 2018　Printed in Japan
ISBN978-4-8054-0266-5
NDC376　26×21cm　112P

■乱丁・落丁本はお取り替えいたします。
■本書の無断転載、複写複製（コピー）は、著作権法上での例外を除き禁じられています。
■本書を代行業者等の第三者に依頼してスキャンやデジタル化することは、たとえ個人や家庭内の利
　用であっても、著作権法上、認められておりません。

【CD-ROMに収録されているデジタルコンテンツの使用許諾と禁止事項】
・本書付属のCD-ROMに収録されているデジタルコンテンツは、本書を購入された個人または法人が、
　その私的利用の範囲内においてお使いいただけます。
・本コンテンツを無断で複製して、第三者に販売・貸与・譲渡・頒布（インターネットを通じた提供
　も含む）することは、著作権法で固く禁じられています。
・本CD-ROMの図書館外への貸し出しを禁じます。

チャイルド本社ホームページ
https://www.childbook.co.jp/
チャイルドブックや保育図書の情報が
盛りだくさん。どうぞご利用ください。